AF371194

N° 290 — Théâtre : n° 165.

LA PETITE ILLUSTRATION

Revue hebdomadaire

*publiant les pièces nouvelles jouées dans les théâtres de Paris,
des romans inédits et des critiques littéraires et dramatiques.*

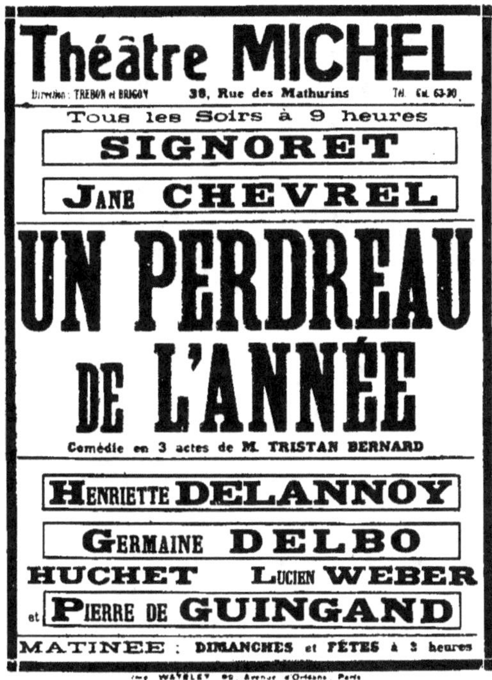

Copyright by Tristan Bernard, 1926.

Tous droits de traduction et de reproduction réservés pour tous pays.

ABONNEMENT ANNUEL

L'Illustration et *La Petite Illustration* réunies : France et Colonies, 150 francs.
Étranger, tarifs énoncés en monnaies nationales ou usuelles et basés sur l'affranchissement variant suivant les pays destinataires :
consulter la page 2 de la couverture de *L'Illustration*.

13, RUE SAINT-GEORGES, PARIS (9e)

Thibaut.   Alice.   Thierry.

Thibaut : « *Bonjour, Thierry. Tiens, Alice, vous êtes là ?* » — ACTE PREMIER, page 4.

Laurence.   Thierry.

Laurence : « *Ah ! non, par exemple, pas le baise-main,
un shake-hand, vraiment !* » — ACTE PREMIER, page 7.

Henriette.   Thierry.

Henriette : « *Je veux rester avec toi, tout le temps avec toi,
toujours, je t'aime.* » — ACTE II, page 13.

Photographies Walby.

TRISTAN BERNARD

UN PERDREAU DE L'ANNÉE

COMÉDIE EN TROIS ACTES

Un Perdreau de l'année a été représenté pour la première fois, le 24 avril 1926, au théâtre Michel.

PERSONNAGES

Thierry Lannion	MM. Signoret.	*Alice*	Mlles Jane Chevrel.
Thibaut	Pierre de Guingand.	*Laurence*	Henriette Delannoy.
Louis Lannion	Huchet.	*Henriette*	Germaine Delso.
	Un valet	M. Lucien Weber.	

UN PERDREAU DE L'ANNÉE

ACTE PREMIER

La scène représente le salon d'un appartement dans un grand hôtel de Deauville. A gauche, une porte qui donne sur la chambre de Thierry ; au second plan, à gauche, en pan coupé, une porte donnant sur les couloirs de l'hôtel ; porte à droite, premier plan, donnant sur une autre sortie, une porte qui donne sur un des couloirs de l'hôtel.

Le valet de chambre achève de ranger, dans une commode, des cravates et des chemises.

THIERRY, entrant par la porte de gauche. — Allons, je vois que vous n'avez pas oublié mes habitudes !

LE VALET. — Vous pensez, Monsieur, voilà la troisième année que Monsieur revient ici, dans cet appartement, et Monsieur a toujours demandé qu'on utilise cette commode pour mettre son linge, bien qu'elle soit dans le salon.

THIERRY. — Mon Dieu, oui, ce meuble servant à l'ornement n'est pas suffisamment beau pour se dispenser de remplir un rôle utilitaire. (Le valet le regarde. Il explique.) Je vous dis qu'il n'est pas assez beau pour ne pas servir à quelque chose.

LE VALET. — J'avais compris, Monsieur. Je connais si bien Monsieur que, même quand je ne saisis pas les mots, j'entends ce que Monsieur veut dire. (Il poursuit son travail.) Monsieur n'a pas été long à se changer : arrivé à quatre heures en tenue d'auto, voilà Monsieur débarbouillé à cinq heures et tout à neuf.

THIERRY. — Le dehors, mon ami, le dehors !

LE VALET. — Oh ! oh ! le reste aussi est un peu là ! Comme si on ne savait pas que, de tout Deauville, c'est encore Monsieur qui tombe le mieux les bergères !

THIERRY, riant. — Eh bien, vous me faites une belle réputation !

LE VALET. — Avec ça que Monsieur ne la connaît pas, sa réputation ! Il y a encore une petite qui attend en bas que Monsieur soit prêt à la recevoir. (Regardant un papier qu'il a posé sur le guéridon.) Mlle Ursin...

THIERRY. — Mlle Ursin ! Mais cette demoiselle n'est pas une petite comme vous le dites, c'est une jeune fille très bien, une cousine de mon ami Thibaut, qui est placée chez sa mère comme demoiselle de compagnie...

LE VALET. — Demoiselle de compagnie ! Si elle veut jamais se placer chez un garçon seul, je me laisserai bien tenir compagnie tant qu'elle voudra.

THIERRY. — Téléphonez donc au concierge qu'il lui dise de monter.

LE VALET. — D'ici, Monsieur, que je téléphone, ou de l'étage ?

THIERRY. — D'ici, ça ne me gêne pas. (Pendant que le valet se dirige vers le téléphone.) L'hôtel est plein en ce moment ?

LE VALET. — Oh ! s'il est plein ! C'est-à-dire qu'il déborde sur les annexes, Monsieur, et sur les chambres en ville. Et la partie au Casino, ce que ça peut barder en ce moment ! Il y a un Cubain qu'a paumé hier soir quatre *miyons*. Mais, je crois que Monsieur, lui, ne joue jamais ?

THIERRY. — J'ai joué, je n'ai plus la foi !

LE VALET. — Oui, je vois. Monsieur a perdu la foi en perdant son fric : alors, Monsieur a juré de ne plus jouer... Ça dure ce que ça dure... Y a un chauffeur ici qui fait des mots : son maître avait juré de ne plus jouer parce qu'il paumait trop. Alors le chauffeur appelle ça : « Le serment du jeu de paume. »

THIERRY. — Demandez-moi donc le concierge.

LE VALET, à l'appareil. — « Le concierge? Dites donc, voulez-vous envoyer la personne qui attend après M. Thierry? »

Il raccroche l'appareil.

THIERRY. — Mais vous ne lui donnez pas mon numéro de chambre, au concierge?

LE VALET, souriant. — Peut-être bien que le concierge ne le connaît pas! Monsieur dînera ce soir dans son appartement?

THIERRY. — Je ne sais pas encore, je verrai cela. Tenez, on frappe.

Le valet va ouvrir. Entre Alice Ursin. Le valet se retire.

ALICE. — Bonjour, monsieur Thierry; vous avez fait bon voyage?

THIERRY. — Bonjour, mademoiselle Alice ; mon voyage n'a pas d'histoire, si ce n'est un petit incident à la magnéto, dans un petit patelin, à la Rivière-Thibouville.

ALICE. — Vous en avez profité pour déjeuner là-bas.

THIERRY. — Et, ma foi, pas trop mal... Et... qu'est-ce qui me vaut le plaisir de votre visite?

ALICE. — Voilà! c'est pas une visite, c'est un coup de téléphone. Je devais vous téléphoner d'Honfleur de la part de mon cousin Thibaut.

THIERRY. — Vous habitez toujours chez sa mère?

ALICE. — Toujours ! A titre de demoiselle de compagnie. Je suis la demoiselle de compagnie de ma tante Thibaut, qui n'est ma tante qu'à la mode de Bretagne, c'est-à-dire la cousine de feu mon père. Je vous dis ça pour le petit travail généalogique que je vous ai commandé.

THIERRY. — Ce ne serait pas trop tôt que j'aie une occupation dans la vie.

ALICE. — Mon cousin Thibaut, en allant aux courses, m'a dit que vous arriveriez dans l'après-midi et m'a demandé de bien vouloir vous téléphoner que vous auriez son auguste visite à cinq heures. Alors, comme le téléphone ne répondait pas et que Mme Thibaut venait au Casino à Deauville...

THIERRY. — Comme par hasard!

ALICE. — Comme par hasard. J'en ai profité pour venir à Honfleur avec elle et vous apporter le message du seigneur Thibaut.

THIERRY. — Je m'excuse... On vous a fait attendre longtemps en bas?

ALICE. — Ne me plaignez pas. Je n'ai pas de plus grande joie dans la vie que d'attendre dans les halls d'hôtel, en pleine saison, bien entendu!

THIERRY. — Oui. Autrement, c'est un peu sinistre!

ALICE. — Mais quand ça bat son plein, c'est merveilleux... Je vois les gens entrer dans le hall et en sortir. Il me semble que je vis dans un jardin d'acclimatation, pour des animaux d'espèce humaine. La plupart des gens affectent un air de détachement pour paraître acclimatés; et d'ordinaire, quand on regarde un peu, ils se dévoilent d'une façon étonnante. Lorsqu'on voit, par hasard, quelqu'un de très gêné, d'embarrassé, on se dit : ce doit être un monsieur très bien, très chic, parce que lui ne craint pas d'être dépaysé dans un hôtel somptueux... mais le petit « gens chic » de fraîche date, comme il essaie d'avoir l'air chez lui. Il est si à son aise dans ce hall d'hôtel qu'on se demande pourquoi il a enlevé son uniforme de chasseur ou de portier... Il parle à haute voix à l'homme de l'ascenseur pour bien montrer à tout le monde qu'il le tutoie! Mais il n'y a qu'une chose qui surprenne un peu les gens,

c'est que le « lift » ne le tutoie pas à son tour. Ah! on ne s'ennuie pas, vous savez, dans les halls!... On rencontre des radjahs... Sur ce, maintenant que je vous ai vu, en santé parfaite, et que je me suis acquittée de ma mission, je vais aller surveiller un peu Mme Thibaut, je ne dis pas lui tenir compagnie, parce qu'elle est à une table, là-bas, au baccara, et la compagnie ne lui manque pas.

THIERRY. — Et comment va-t-elle?

ALICE. — Eh bien, comme une femme qui s'est levée, aujourd'hui, à trois heures de l'après-midi. Elle était rentrée ce matin du Casino à six heures... elle dîne là-bas au bar, sur une grande chaise. Je ne la vois jamais... Je suis sa dame de compagnie.

THIERRY. — Et le baccara et le chemin de fer la traitent bien?

ALICE. — Cette année, elle dit qu'elle gagne. Alors elle doit perdre.

THIERRY. — C'est aussi simple que ça?

ALICE. — Aussi simple que ça! Quand elle gagne, elle dit qu'elle perd, parce qu'alors il y a un certain nombre de gens qui lui demanderaient des petits services. Or, elle n'aime pas ça.

THIERRY. — Mais alors, quand elle perd et qu'elle dit qu'elle gagne, elle s'expose également à être tapée...

ALICE. — Oh! non! Parce que comme ce n'est pas vrai qu'elle gagne et qu'en réalité elle perd, elle est de mauvaise humeur. Alors elle a de la défense, elle ne se laisse pas tomber.

THIERRY. — Enfin, ces petits accidents de chemin de fer ne vont pas jusqu'à entamer sa fortune?

ALICE. — Monsieur Thierry, elle a touché cette année quatorze millions pour ses actions de métallurgie... Et je ne vous parle que de ce qui a été déclaré au fisc. Je ne crois pas qu'elle en ait déclaré plus qu'elle n'en a touché. Sa fortune est en bronze d'aluminium. Alors, comment voulez-vous entamer ça avec des petits râteaux de croupier?...

THIERRY. — Elle joue gros jeu?

ALICE. — Oh! un affreux petit jeu, radin, râleux, comme si elle avait devant elle l'argent de son terme... Ça me fait tellement honte que je ne reste pas derrière elle, à la table. Oh ! vous savez, la bonne dame se défend, elle peut sortir sans sa bonne et même sans sa demoiselle de compagnie.

THIERRY. — Vous ne savez pas ce que me veut Thibaut?

ALICE. — Peuh! une petite question de poule ! De poule mondaine.

THIERRY. — Il vous a fait ses confidences?

ALICE. — Il ne demanderait pas mieux, mais, moi, je ne marche pas. Mon petit cousin Thibaut est un garçon délicieux, mais un peu bête en amour.

THIERRY. — Comment pouvez-vous en juger?

ALICE. — Mais parce que je suis pure, moi, monsieur, et c'est précisément pour cela que je suis la galerie. Je vois tous les jeux et, au lieu d'être hypnotisée sur le mien, comme fait Thibaut et comme vous feriez, vous, à l'occasion, tout dessalé que vous êtes, s'il y avait une femme qui vous morde bien...

THIERRY. — C'est bien possible, mais dites donc, la Galerie, il faut tout de même que vous connaissiez un peu le jeu pour le comprendre?

ALICE. — Vous dites cela sérieusement ? Mais l'amour, quand on n'y joue pas soi-même, c'est encore plus facile à comprendre que le baccara chemin de fer. Quand on ne tient pas les cartes, est-ce qu'on ne juge pas mieux si un banco va être bon ou mauvais?

Thierry. — Mais vous avez fait des observations, mademoiselle Alice?

Alice. — Je n'ai que cela à faire, monsieur. Il faut bien que je m'occupe et je vous ai dit en quoi consistaient mes fonctions de demoiselle de compagnie : à ne pas voir la personne à qui je tiens compagnie. Je vais lui chercher des livres nouveaux lorsqu'elle veut avoir toutes les nouveautés. C'est moi qui suis chargée de les lire pour lui résumer ce qu'il y a dedans, car le démon du jeu lui laisse encore quelque mondanité et quelque désir de tenir sa place dans la conversation quand elle va dîner en ville. Je lui raconte donc le sujet des livres, mais très sommairement, vous savez, car si j'en disais un peu long, elle n'écouterait pas. Il lui faut dans sa vie des péripéties courtes et rapides. Banco... Suivis... huit... neuf... Qu'est-ce que vous voulez? Le jeu, voyez-vous, monsieur Thierry, ça perd les jeunes gens et les vieilles dames. Au revoir!

Thierry. — Au revoir, mademoiselle Alice. Je ne vous embrasse pas, mais le cœur y est!

Alice, allant à lui carrément. — Moi, je vous embrasse, mais le cœur n'y est pas... Tenez, on frappe, c'est Thibaut qui va nous surprendre en flagrant délit. Entrez!

Thibaut. — Bonjour, Thierry. Tiens, Alice, vous êtes là?

Alice. — Il me semble. Comme je passais devant l'hôtel, j'ai préféré faire votre commission à monsieur Thierry. Vous n'avez rien à dire à votre maman si le hasard fait que je la voie?

Thibaut. — Eh bien, il est évident que je rentre dîner ce soir, puisque c'est sa fête.

Alice. — Vous dites ça sans entrain.

Thibaut. — Que voulez-vous? ça ne m'amuse pas follement.

Alice. — Votre maman non plus, d'ailleurs.

Thibaut. — Oh! non, elle aimerait cent fois mieux rester au Casino, se nourrir d'un sandwich rapide...

Alice. — Et ne pas lâcher sa partie.

Thibaut. — Mais comme nous sommes des gens bien élevés, et que nous avons même invité des parents...

Alice. — Mᵐᵉ Thibaut se retrouve. Et à aucun prix elle ne voudrait se dispenser de cette fête protocolaire. Je suis même chargée de faire quelques commandes en vue de ce repas de famille... A tout à l'heure. Au revoir, monsieur Thierry. Voulez-vous que je vous fasse inviter au repas d'anniversaire de Mᵐᵉ Thibaut?...

Thierry. — Excusez-moi.

Alice. — Vous ne savez pas ce que vous perdez. Au revoir, monsieur.

Elle sort.

Thibaut. — Mon vieux, tu arrives ici juste à point. Tu es mon conseiller et mon plus cher ami... Je vais t'en donner une preuve sérieuse en t'empoisonnant à fond.

Thierry. — Qu'est-ce qu'il y a encore?

Thibaut. — Mon vieux, je suis amoureux fou.

Thierry. — Et c'est cela qui va m'empoisonner?... Est-ce que par hasard tu aimerais quelqu'un que j'aime?... Ah! comme ça me ferait plaisir, parce qu'alors ça prouverait que j'ai encore de ces charmantes préoccupations.

Thibaut. — Je vais te charger d'une corvée terrible. Assieds-toi : j'ai besoin que tu sois assis pour concentrer tes idées.

Thierry. — Et toi, tu as besoin d'être debout pour suivre les tiennes?

Thibaut, insistant. — J'ai besoin que tu sois assis. Je te sens mieux m'écouter. Voilà! je suis amoureux perdu d'une femme qui est arrivée à l'hôtel ce matin.

Thierry. — Et il a suffi d'un jour...

Thibaut. — Elle est arrivée ici ce matin, mais je viens de passer deux semaines avec elle en Touraine, chez les Gramazeau. C'est la femme d'un banquier anglais mort récemment. Elle, est Française, de parents français, mais elle habite Londres depuis six ans, depuis son mariage.

Thierry. — Attends, attends, tu me bouscules : veuve d'un Anglais, Française, habite Londres depuis six ans... j'inscris.

Thibaut. — Je veux l'épouser!

Thierry. — J'inscris cela aussi. J'inscris les détails les plus insignifiants. Tu lui as dit que tu voulais l'épouser? (Thibaut, de la tête, fait signe que oui.) Elle n'est pas décidée?

Thibaut. — Je crois que si. Je ne lui ai pas posé la question formellement, mais je lui ai dit des choses suffisamment expressives, telles que : la vie me serait impossible sans vous...

Thierry. — C'est évidemment assez explicite, et, pour peu qu'elle t'ait répondu qu'elle ne concevait pas l'existence sans toi, l'affaire doit être en bon chemin.

Thibaut. — Elle ne m'a pas encore dit cela précisément, mais je n'ai aucun doute...

Thierry. — Alors, qu'est-ce que tu crains? Que ta mère fasse des difficultés? Elle aurait sans doute voulu te voir épouser une jeune fille?

Thibaut. — Penses-tu! Tu connais maman, elle n'a pas de superstition, elle sait bien qu'une femme intacte ne donne pas forcément le bonheur. Non! Ma mère, au contraire, verra ce projet, ou d'ailleurs tout autre projet de mariage, d'un œil très favorable. L'important, pour elle, c'est de me savoir au garage. Mais il y a un embêtement plus grave dans cette histoire-là, c'est Henriette.

Thierry. — Ah! ah! ça dure toujours?

Thibaut. — Bien oui, ça dure... Elle était à Biarritz avec son mari, j'étais tranquille, et voilà que ce serin s'en va passer huit jours en Espagne.

Thierry. — Ah! ils sont admirables, ces maris! On compte sur eux, ils ont pris l'engagement devant le maire de rester avec leurs femmes, et voilà qu'ils s'en vont sans prévenir! Et je suis sûr qu'au début de ta liaison tu trouvais, au contraire, qu'il était trop souvent auprès d'elle.

Thibaut. — Mais oui...

Thierry. — Et maintenant que tu tiens à ce qu'il la garde, il la laisse seule! Ces gens-là n'ont pas le sens de l'opportunité.

Thibaut. — Mon vieux, je ne ris pas, le fait brutal est qu'elle arrive ce soir, à sept heures. Elle a des amis à Deauville qui ont une villa et chez qui elle s'est fait inviter. Elle arrive à sept heures, je te le répète, et je ne veux pas avoir d'explication avec elle.

Thierry. — Mais il faudra pourtant en venir là.

Thibaut. — J'espérais que ça se ferait par correspondance et j'avais projeté une série de lettres nuancées et graduées. Evidemment, ça n'était pas un travail commode, mais il n'était pas impossible de s'en tirer... Tandis qu'une explication verbale avec elle, c'est carrément au-dessus de mes forces. Qu'est-ce que tu veux ? je ne peux pas supporter de faire de la peine aux gens.

THIERRY. — C'est-à-dire que tu ne peux supporter de voir la peine que tu leur fais.

THIBAUT. — Face à face avec elle, aucune explication n'est possible. Si tu lui en dis gros comme ça, elle ira tout de suite à l'extrême et s'imaginera je ne sais quoi...

THIERRY. — Oui, enfin, elle s'imaginera ce qui est... Alors, quoi, qu'est-ce que tu veux de moi ? Il faut que je lui parle ?

THIBAUT. — Non, non! J'ai à te demander des choses embêtantes, mais tout de même pas si embêtantes que ça. J'ai pris la décision de ne parler de rien à Henriette pendant les huit jours qu'elle va passer ici.

THIERRY. — Décision énergique inspirée par la grande lâcheté!

THIBAUT. — C'est possible; en tout cas, j'ai pris cette décision. Alors, ce que je te demande, à toi, c'est de parler à Laurence.

THIERRY. — Je suppose qu'il s'agit de la veuve anglaise. Qu'est-ce qu'il faut lui raconter, à celle-là ?

THIBAUT. — Je ne lui ai pas dit que j'avais une liaison, tu comprends. Alors, ce que je voudrais...

THIERRY. — C'est que je le lui dise moi-même ?

THIBAUT. — Oui, parce que, en lui disant ça, toi, tu pourras ajouter que je n'ai plus... enfin... des sentiments véritables... enfin, d'amour, si tu veux, pour Henriette. Si tu lui dis cela, elle te croira, tandis que si je le lui dis, moi, elle ne me croira pas. Tu pourras lui expliquer que je suis à elle, Laurence, tout entier, mais qu'il faut que je me dégage et que je dois le faire sans causer trop de peine à cette autre personne. Laurence a un cœur délicieux, elle comprendra, elle admettra cela.

THIERRY. — Elle l'admettra ou elle ne l'admettra pas. C'est peut-être un cœur délicieux, comme tu dis, mais c'est un cœur féminin.

THIBAUT. — Tu veux bien lui parler, dis ?

THIERRY. — Evidemment, puisque tu me le demandes.

THIBAUT. — Je te remercie, mon vieux! Ah! que c'est bon, une amitié masculine!

THIERRY. — Malheureusement, ça ne contente pas toutes les exigences de l'être, les nôtres tout au moins.

THIBAUT. — C'est qu'il faut que tu la voies tout de suite!...

THIERRY. — Tout de suite ?

THIBAUT. — Mais oui, mon vieux. L'autre arrive à sept heures, il faut qu'avant Mᵐᵉ Harper ait compris que pendant ces huit jours...

THIERRY. — Enfin, que tu ne la verras pas beaucoup, hein ?... par crainte d'attirer les soupçons d'Henriette. Tu dis que cette Mᵐᵉ Harper habite l'hôtel ?

THIBAUT. — Mais oui, et je lui ai déjà fait demander de te recevoir...

THIERRY. — Tu ne l'as pas vue ?

THIBAUT. — Non, je n'ai pas voulu la voir. Elle m'aurait posé des questions : « Pourquoi voulez-vous que je voie votre ami Thierry ?... » Alors, j'ai préféré, du Casino, lui écrire un mot. J'ai commencé par lui dire que je serais retenu ce soir chez ma mère pour une cérémonie familiale, et tout à coup, en lui écrivant cette blague-là, je me suis rappelé que c'était vraiment la fête de maman

ce soir... Alors, j'ai commandé des fleurs... Mais crois-tu qu'il y a des coïncidences!

THIERRY. — Eh bien, j'attends que Mᵐᵉ Harper veuille bien me prévenir.

THIBAUT. — Mon petit, moi, je vais m'en aller; je ne voudrais pas la rencontrer dans l'hôtel. Je vais descendre par le petit escalier qui donne au tennis; comme elle ne s'intéresse pas à ce sport, il n'y a pas de danger que je la rencontre de ce côté-là.

THIERRY. — Tiens, on a frappé, tu vas connaître le rendez-vous qu'elle me fixe. Entrez!

Entre un valet avec un pli.

LE VALET. — C'est un chasseur qui est là et qui vient de me remettre cette enveloppe. C'est une dame du n° 123 qui envoie ceci à Monsieur.

THIERRY, *ouvrant l'enveloppe et jetant un coup d'œil sur la lettre.* — Bon! Alors vous direz à cette dame que je suis à sa disposition et que je l'attends ici quand elle voudra. (*Sort le valet.*) C'est elle qui vient ici, elle me dit qu'elle est en plein désordre de malles et ne peut me recevoir chez elle. Elle a une jolie écriture, cette femme, longue, mince et pourtant pas trop chiquée.

THIBAUT. — Alors, je m'en vais par là.

THIERRY. — Oui, oui, j'ai une porte qui donne sur le petit escalier. Tu es sûr de ne pas la rencontrer en chemin.

THIBAUT. — Merci, mon vieux.

THIERRY. — Tu es bien sûr que c'est sérieux avec cette dame ?

THIBAUT. — Mais oui, mon vieux!

THIERRY. — Parce que si dans deux mois tu viens me demander de faire la même démarche auprès d'une autre personne nouvelle...

THIBAUT. — Tu ne me connais pas.

THIERRY. — Avec ça que tu te connais, toi!

THIBAUT. — Je file. Dis donc, je ne sais pas si je pourrai avoir ce soir des nouvelles de l'entretien, puisque je serai forcé de passer la soirée à la maison à cause des parents qui viennent dîner... des embêteurs de première! D'autre part, je ne peux pas te téléphoner, parce que je ne voudrais pas te parler de cela à l'appareil.

THIERRY. — Eh bien, c'est entendu, tu viendras me voir demain matin.

THIBAUT. — Je file.

Il sort. Thierry se met à ranger des papiers dans un tiroir en sifflotant. On frappe. Il va ouvrir. Entre Laurence.

LAURENCE. — Monsieur Thierry Lannion ?

THIERRY. — Madame Harper...

LAURENCE. — Excusez-moi, monsieur, de ne vous avoir pas reçu chez moi, mais j'ai une femme de chambre qui est d'une lenteur abominable. Je suis sûre qu'à la fin de mon séjour ici je ne serai pas encore installée.

THIERRY. — Moi, j'ai pris mon parti de laisser mon valet de chambre à Paris et d'utiliser les gens de l'hôtel, pour qui les pourboires ne sont pas de mauvais stimulants. Je vais demander du thé, si vous le voulez bien ?

LAURENCE. — Pour vous. Moi, j'en ai pris tout à l'heure.

THIERRY. — Alors, je n'en demanderai pas, car je n'en prends jamais.

LAURENCE, *s'asseyant.* — Alors, monsieur, il paraît que vous avez à me parler ?

THIERRY. — De la part de mon ami Thibaut, madame. Ce n'est pas la peine de prendre des circonlocutions, vous pensez bien qu'il m'a fait toutes ses confidences. Il m'a dit que vous l'aviez laissé vous parler de projets charmants et que vous n'aviez pas détruit ses grandes espérances.

LAURENCE. — Oui...

THIERRY. — Est-ce qu'il se serait trop avancé?

LAURENCE. — Mais je n'ai pas dit cela, continuez.

THIERRY. — Eh bien, mon ami Thibaut n'avait pas osé vous dire certaines choses.

LAURENCE. — Quelles choses?

THIERRY. — C'est assez difficile à formuler.

LAURENCE. — C'est donc si grave que cela?

THIERRY. — Non! étant donné que la chose dont je vais vous parler, et qu'il n'a pas osé vous confier, est presque périmée, ayant commencé très antérieurement, bien entendu, à la rencontre aimable qu'il a faite chez ses amis Gremazeau... Enfin, je brusque mes révélations! Thibaut a une liaison...

LAURENCE. — Ah!

THIERRY. — Vous m'excuserez de ne pas vous dire le nom de la personne...

LAURENCE. — Je vous excuse d'autant mieux que je le connais parfaitement : c'est Mme Herbelin.

THIERRY. — Comment?

LAURENCE. — Enfin, vous ne supposez pas qu'un monsieur puisse faire la cour, pendant quinze jours, à une dame, sans qu'elle soit renseignée sur ses attaches sentimentales? Elle n'a vraiment pas besoin de faire elle-même son enquête. Les renseignements lui arrivent comme les œufs et le beurre sur le marché. Comme on est sûr que ça l'intéresse, vous pensez bien que les gens sont trop heureux de venir lui apporter des allusions d'abord voilées et puis des choses plus précises... La liaison de M. Thibaut, je l'ai sue exactement deux heures après que l'on a vu ce jeune homme s'approcher de moi et me parler seul à seule. Deux personnes, chacune de son côté, ont eu l'idée charmante de venir me mettre au courant. Vous voyez donc que tout ce que vous pourrez me dire, je le sais! C'est pour cette révélation que votre ami a eu besoin d'un intermédiaire? Il est gentil!

THIERRY. — Ce n'est pas exactement pour cela.

LAURENCE. — Alors?

THIERRY. — L'histoire se complique du fait que cette dame arrive ce soir inopinément à Deauville, et comme elle ne sait rien...

LAURENCE. — Votre ami Thibaut voudrait bien me voir partir!

THIERRY. — Ah! non, madame! Qu'allez-vous chercher là! Il voudrait seulement avoir le temps...

LAURENCE. — Le temps de préparer cette dame à une rupture! Il voudrait apporter une certaine discrétion dans les visites qu'il me fera, une discrétion qu'il poussera peut-être jusqu'à ne pas me voir du tout même, sans doute, à faire semblant de ne pas me connaître?

THIERRY. — Comment pouvez-vous dire?

LAURENCE. — Monsieur Lannion, permettez-moi à mon tour de vous parler sérieusement... Il faut que j'aie pour votre ami une sympathie vraiment profonde pour lui pardonner de ne pas m'avoir parlé lui-même et de m'avoir crue assez fermée et assez dure pour ne pas comprendre immédiatement ses raisons. Voyons, est-ce que je ne sais pas ce que c'est que la vie? C'est curieux, on suppose toujours chez autrui une ignorance, une naïveté que l'on n'a pas soi-même, et qui seraient bien anormales

à notre époque. Pour quelle sauvage me prend-il, votre ami Thibaut?

THIERRY. — Madame, ne lui en veuillez pas, c'est moi qui ai eu l'idée de lui servir d'intermédiaire.

LAURENCE. — C'est vous qui en avez eu l'idée? Oui, oui... Monsieur Thierry, je vois que vous êtes un ami dévoué, vous voulez me faire excuser Thibaut et alors vous altérez un peu la vérité, et vous me croyez assez simple pour vous croire. Vous pensez bien qu'une idée pareille, qui peut, à la rigueur, s'expliquer chez Thibaut, ne peut vraiment, en aucun cas, venir de vous qui, tout de même, avez beaucoup plus d'expérience. Voyons, qu'allez-vous répondre à cela?

THIERRY. — Eh! madame, que voulez-vous, je vais répondre à cela que je me suis grossièrement trompé. Je m'attendais à me trouver en présence d'une femme intelligente et fine, mais non de l'être exceptionnel que j'ai devant les yeux.

LAURENCE. — Je ne peux pas vous en vouloir de me dire cela, même aussi brutalement. Enfin, l'incident est clos, je ne vous en veux pas, ni à Thibaut non plus. Parlons un peu de lui, puisque nous voilà en présence et que vous le connaissez bien. Je désire contrôler auprès de vous l'impression, d'ailleurs excellente, que j'ai de lui. Il est jeune, n'est-ce pas?...

THIERRY. — Il a vingt-six ans...

LAURENCE. — Oui... j'ai deux ans de plus que lui. Cela ne m'effraie pas. Quand il aura quarante ans, je m'arrangerai pour n'en avoir plus que trente-trois. De vingt à trente ans, on gaspille un peu son âge; à partir de trente ans, on devient plus économe, on fait plus attention.

THIERRY. — Nous autres hommes, nous n'avons pas cette science!

LAURENCE. — Pour vous autres hommes, les questions d'âge n'ont pas la même importance. Vous, vous avez encore une dizaine d'années avant d'atteindre le moment fatal... Eh bien, monsieur Thierry Lannion, puisque la commission est faite et que nous sommes d'accord sur les mérites de votre candidat, je m'en vais vous laisser...

THIERRY. — Mais non, mais non, madame, vous avez l'impression qu'il faut me laisser parce que je me suis tu pendant quelques instants... C'est précisément parce que j'ai des choses à vous dire et que je ne veux pas vous dire n'importe quoi. J'étais en train de penser qu'il m'arrivait une aventure charmante...

LAURENCE. — Comment ça?

THIERRY. — Il m'arrive l'aventure que j'ai toujours rêvée! Je me trouve en présence d'une femme infiniment séduisante, et les circonstances font que je ne puis penser à lui faire la cour! Alors, si vous le permettez, ce serait une occasion pour moi de connaître enfin, à un certain âge de ma vie, le plaisir nouveau et délicat de causer d'une façon désintéressée avec un être plein de charme.

LAURENCE. — Eh bien, cela se trouve bien, c'est aussi mon rêve à moi! Un rêve que je n'ai d'ailleurs jamais réalisé.

THIERRY. — Parce que tous les hommes qui vous ont approchée vous ont fait la cour.

LAURENCE. — Ce n'est pas ce que j'ai voulu dire...

THIERRY. — Oui, mais c'est tout de même ce qui s'est passé en réalité.

LAURENCE. — Je crois que c'est encore plus vrai

pour vous que pour moi; je connais votre réputation, monsieur Lannion, et j'imagine bien que toutes les femmes ont été coquettes avec vous.

THIERRY. — Qui m'a fait cette réputation ridicule ?

LAURENCE. — C'est comme ça, vous n'avez pas à vous en défendre. Puisque nous parlons en hommes, nous n'avons pas besoin de faire de la fausse modestie. J'ai eu, il est vrai, beaucoup de succès, mais vous aussi, c'est indéniable. Alors, nous nous rencontrons l'un et l'autre au-dessus de l'humanité vaincue et, comme deux conquérants fatigués, nous parlons d'autre chose, enfin, que de conquêtes. Il y a tant d'autres sujets que cette bataille continuelle des hommes et des femmes ! Quand les hommes sont entre eux, quand les femmes sont entre elles, ils peuvent enfin connaître des entretiens sans arrière-pensées. Il faut, comme nous, savoir ce que c'est que l'amour et l'avoir aimé pour être en droit de dire qu'il y a dans le monde autre chose de presque aussi beau : la camaraderie.

THIERRY. — Je sens parfaitement ce que vous dites. Il y a vraiment, en dehors de l'amour, un autre sentiment magnifique : c'est un sentiment de sociabilité d'un être humain pour un autre être humain. Je l'ai éprouvé plusieurs fois. Tenez : il y a quelques années, en Italie, au cours d'un séjour que j'ai fait à Rome, je suis entré en relations avec un Anglais d'esprit très fin. Je l'avais abordé avec défiance... c'était un étranger, n'est-ce pas ?... Puis, nous avons causé quelques minutes, ensuite des heures entières, et nous avons connu, presque en même temps, une impression délicieuse, c'est de nous apercevoir qu'il n'y avait plus de frontière entre nous. Eh bien, il me semble qu'avec vous je connais aussi cette impression exquise, l'impression rare de causer librement avec une femme qui n'est plus une étrangère, mais un être de la même humanité.

LAURENCE. — Je ne puis vous dire à quel point je suis heureuse de vous entendre parler ainsi. Ce serait vraiment une amitié merveilleuse que celle qui se nouerait entre deux êtres comme nous. Répétons encore, vous et moi, que nous savons ce que c'est que l'amour, les joies vives qu'il vous donne, les joies très vives, c'est entendu, mais l'amitié peut avoir un charme égal. Monsieur Thierry, je puis vous parler franchement ?

THIERRY. — Mais, est-ce que nous ne sommes pas là pour cela !

LAURENCE. — Je vous aurais rencontré sur mon chemin avant de voir votre ami Thibaut, eh bien, quoique vous lui soyez supérieur...

THIERRY. — Ne dites pas cela.

LAURENCE. — Mais, je le dis. Ne sommes-nous pas ici pour nous parler sans modestie et en faisant litière des conventions mondaines ? Vous êtes incontestablement supérieur à Thibaut. Eh bien, votre amour ne m'eût pas attirée comme le fait le sien. Il y a, en lui, une ingénuité, presque une innocence de cœur que je ne sens pas en vous. (Il fait un mouvement, elle lui fait signe de se taire.) Je sais ce que vous allez me dire : cette ingénuité chez un homme qui aime les femmes, elle se retrouve toujours à un moment donné. Mais, tout de même, c'est de l'ingé-

nuité réchauffée, très bien réchauffée, je vous l'accorde. Si on ne savait pas que vous avez d'autres souvenirs, on s'y tromperait tout à fait. On vous prendrait pour un tout jeune homme ; malheureusement, on sait ce que l'on sait.

THIERRY, sérieusement. — C'est un peu gênant de s'entendre dire que l'on n'est plus un ingénu ! Malheureusement, c'est juste, et il n'y a rien à répondre. Je ne pourrais vous faire illusion que sous le voile de l'incognito. Vous avez sous les yeux ma fiche, mon standing sentimental. Comme il y a des repris de justice, il y a des repris d'amour. Et quand on examine leur casier judiciaire, il vous refroidit un peu sur leur compte. Je parle des femmes comme vous qui ont un esprit élevé. (Mouvement de Laurence.) Je suis obligé de vous dire vos vérités, même les plus flatteuses. Les femmes ne demandent pas à leurs partenaires un passé glorieux qui flatterait chez elles une toute petite vanité.

LAURENCE. — Oui, il est juste que je ne m'attache guère au côté honorifique d'une aventure.

THIERRY. — La conclusion de tout ceci, c'est que nous avons bien fait de nous rencontrer, je crois. Nous allons donner au mot « âmes sœurs » un sens élevé et chaste qu'il devrait toujours garder. Une autre conclusion, c'est qu'il faut absolument que nous dînions ensemble.

LAURENCE. — C'est que je suis invitée au Casino.

THIERRY. — Vous allez vous désinviter sans retard. Comme je vous connais, vous avez déjà trouvé le prétexte ingénieux et poli qui vous permettra d'envoyer promener vos inviteurs. Nous n'irons pas dîner au Casino, où nous risquerions de les rencontrer; je vais vous emmener à l'endroit où j'aurais emmené un ami « homme », dans un petit restaurant de la côte où l'on mange bien solidement, où il n'y a pas de champagne, ni de jazz.

LAURENCE. — On ne s'habille pas ?

THIERRY. — Pas question ! Je vous ferai boire un bon vin qui ne grise pas, mais qui réchauffe et qui met en train pour savourer les joies robustes de l'amitié.

LAURENCE. — Et quand s'en va-t-on ?

THIERRY. — Tout de suite. Vous voyez que le crépuscule est descendu et s'est installé dans ce salon, en profitant de ce que nous ne faisions pas attention à lui. (Il allume l'électricité.) Je vais au garage pour faire fermer ma voiture.

LAURENCE. — Je supporte très bien les voitures ouvertes !

THIERRY. — Non ! Il fait frais et on peut fermer la voiture. (Souriant.) Nous n'avons pas d'arrière-pensées et, d'ailleurs, je conduis moi-même...

LAURENCE. — Je vais chercher mon manteau et me recoiffer un peu ; même pour un ami, il faut se recoiffer.

THIERRY. — Mais, moi aussi, je vais faire quelques petits préparatifs de beauté. L'amitié exclut la coquetterie, mais elle ne méprise pas l'esthétique.

Laurence lui tend la main qu'il s'apprête à baiser.

LAURENCE. — Ah ! non, par exemple, pas de baise-main, un shake-hand ! Virilement !

THIERRY, lui serrant la main. — Virilement !

RIDEAU

ACTE II

Même décor. Il fait grand jour, c'est le matin.

Au lever du rideau, Thierry et Laurence s'étreignent tendrement, les bouches jointes.

LAURENCE. — Je m'en vais.

THIERRY. — Tu as le temps. Il a fait téléphoner qu'il viendrait me voir à dix heures et il n'est que neuf heures, à peine.

LAURENCE. — Oui, mais je ne voudrais pas le rencontrer en auto, sur la route. Je dirai à mon chauffeur de prendre la route de Touques, puis il retrouvera celle de Pont-Audemer en traversant la Seine à Quillebœuf et je serai à Dieppe pour déjeuner. J'ai dit à l'hôtel que je téléphonerais de là-bas si je garde ou non mon appartement, mais je n'ai pas l'intention de revenir ici. Alors, vous viendrez demain ?

THIERRY. — Ah! je ferai mon possible pour venir ce soir, mais j'ai grand'peur de ne pouvoir y arriver. Je vous ai dit que mon frère arrivait d'Orient aujourd'hui même. Il doit venir me retrouver ici. Si je puis le joindre par téléphone à Paris, je lui dirai de me retrouver à Dieppe. Autrement, je suis obligé de l'attendre à Deauville.

LAURENCE. — Mais oui, il ne faut pas le manquer. Soyez sage et ne venez que demain!

THIERRY, tendrement. — Chérie! ne t'en va pas encore!

LAURENCE. — J'ai peur que votre ami arrive d'un instant à l'autre...

THIERRY. — Oh! il ne viendra pas avant une une heure.

LAURENCE. — Mais si, en partant, nos voitures se croisent sur la route ?

THIERRY. — Non, il arrive d'Honfleur et ta voiture s'en va par Touques. Je voudrais te faire des adieux plus sérieux.

LAURENCE. — Non, non! Je suis plus raisonnable que vous.

THIERRY. — Moins passionnée, peut-être!

LAURENCE. — Méchant !... Ce n'est pas vrai... (Baissant la voix.) Je vous aime tellement que je n'ai pas le moindre remords!

THIERRY. — Moi non plus!

LAURENCE. — C'est bien vrai ?

THIERRY. — Je me suis trouvé en présence de cette vérité tellement évidente que nous étions faits l'un pour l'autre! Alors, rien ne tient devant ça! Ce qui est une erreur, c'est d'avoir cru que vous aimiez Thibaut, et que j'ai pu croire, moi, un instant, que j'échapperais à mon destin inévitable qui est de vous aimer... de t'aimer!

LAURENCE. — Je vous aime!

THIERRY. — Dis : je t'aime!

LAURENCE. — Je t'aime... Laisse-moi m'en aller! et tu seras demain matin à Dieppe.

THIERRY. — A huit heures; ne te lève pas pour me recevoir, je ne le souffrirais point.

LAURENCE. — Laisse-moi m'en aller!

Elle se dégage et sort.

THIERRY, seul. — Je n'ai aucune espèce de remords, pas le moindre... mais je suis un cochon! (On frappe.) Entrez!

LE VALET. — Bonjour, monsieur Thierry!

THIERRY. — Bonjour!

LE VALET. — Alors, je reviendrai tout à l'heure. (Thierry le regarde.) Non, j'étais venu donner un coup sur les meubles... J'attendrai que Monsieur ait quitté le salon...

THIERRY. — Faites votre ouvrage, cela ne me dérange pas.

LE VALET. — Alors, si c'est ça...

Il commence à épousseter les meubles.

THIERRY. — Quel âge avez-vous ?

LE VALET. — C'est à moi que Monsieur demande ça ?

THIERRY. — A qui voulez-vous que ce soit ?

LE VALET. — J'ai trente-quatre ans!

THIERRY. — Vous avez une petite amie ?

LE VALET. — Oui, Monsieur, depuis Pâques!

THIERRY. — Et vous avez des amis ?

LE VALET. — J'en ai un que j'aime beaucoup, avec qui on est bien copain. Tiens, justement le mari de ma petite amie!

THIERRY. — Mais il ne sait rien ?

LE VALET. — Vous pensez, monsieur! Bien sûr que non, qu'il ne sait rien!

THIERRY. — Et quand vous l'avez trompé...

LE VALET. — Comment, je l'ai trompé ?

THIERRY. — Oui! Enfin, quand sa femme l'a trompé avec vous... Ça ne vous a rien fait ?

LE VALET. — Le croiriez-vous, Monsieur, ça m'a fait de l'impression. J'étais un peu mécontent. Et pourtant, vous savez, la petite femme est tout ce qu'il y a de joli comme bébé! Tellement gentille que je n'aurais dû penser qu'à la satisfaction d'avoir à moi une aussi belle petite gosse. Eh bien, qu'est-ce que vous voulez? je pensais tout de même à mon ami! Si c'est possible de gâter son plaisir avec des idées pareilles!

THIERRY. — Et ça vous gêne toujours ?

LE VALET. — Oh! non, Monsieur. J'ai pris le dessus. Je ne pense plus au mari.

THIERRY. — Enfin, ça vous a gêné pendant des mois ?

LE VALET. — Pensez-vous, Monsieur! Après la deuxième, mettons la troisième fois, je ne pensais plus à lui! Et j'étais bien content de ne plus y penser, parce que de me tracasser comme cela à cause de mon copain et du tort que j'y avais fait, ça me faisait l'aimer moins, c't'ami-là! Et tout de même, hein, c'était pas de sa faute ?

THIERRY. — Oui, évidemment! c'était pas de sa faute... ni même de la faute de la petite amie que la nature a faite séduisante, ni votre faute à vous à qui la nature commande d'être séduit... Mais tout de même, si ce n'est la faute de personne, si chacun se défile et se déclare, même à raison, irresponsable, comment voulez-vous que la société ne soit pas perpétuellement déchirée?... La société, qui a des exigences si contraires à celles de la nature, n'a peut-être que ce qu'elle mérite... Malheureusement, quand la société est déchirée, c'est nous, sociétaires, qui souffrons.

LE VALET. — Monsieur a bien tort de se tracasser comme ça à la mer. C'est les vacances, après tout!

THIERRY. — Je ne suis ni dans les affaires, ni dans l'administration; je suis un oisif, alors, je n'ai jamais de vacances!

LE VALET. — On a sonné au téléphone. (Il va à l'appareil.) « Qu'est-ce que c'est?... » C'est Mlle Ursin, la personne que j'appelais hier une « petite » et que Monsieur disait que ce n'était pas une « petite ».

THIERRY. — Elle doit venir de la part de Thibaut. Qu'on lui dise de monter. (Entre ses dents.) J'aime mieux que ce ne soit pas tout de suite Thibaut.

LE VALET, au téléphone. — « Voulez-vous dire à cette demoiselle qu'elle peut monter. » (Regardant Thierry avec admiration.) Ce que c'est que d'être un monsieur comme Monsieur! On vient le trouver à domicile, il n'a pas besoin de courir. (Sur un regard de Thierry.) Je sais très bien que cette demoiselle ne vient pas pour la bagatelle! Autrement, je ne me permettrais jamais une réflexion semblable... La voilà.

Il va ouvrir. Entre Alice.

ALICE. — C'est encore moi! Je fais les hôtels!

Le valet sort.

THIERRY. — Bonjour, mademoiselle Alice!

ALICE. — Je me présente encore ici comme page du seigneur Thibaut! Il est rentré très tard cette nuit, ou, mieux, très tôt ce matin! Il n'est pas prêt et sera en retard.

THIERRY. — Comment? vous dites qu'il est rentré cette nuit très tard? Je croyais qu'il devait passer la soirée en famille.

ALICE. — On lui a téléphoné vers dix heures d'une certaine villa où était arrivée une certaine dame que je ne puis désigner autrement que sous son nom d'Henriette Herbelin. J'ajouterais également, si je n'étais une personne discrète, qu'elle est depuis un an la bonne amie de Thibaut!

THIERRY, songeur. — Ah! ah!

ALICE. — Que signifie ce « Ah! ah! »?

THIERRY. — Rien... je dis : « Ah! ah! » comme je dirais autre chose!

ALICE. — Oui, oui... Henriette, donc, a dû savoir que Laurence est ici.

THIERRY, la regardant. — Comment?

ALICE. — Je vous dis que la galerie est bien renseignée!

THIERRY. — Et qu'est-ce que Henriette a pu dire à Thibaut?

ALICE. — Ça, vous n'allez pas tarder à le savoir. Thibaut viendra vous le raconter à vous. Vous ne me le direz pas! Mais il va certainement vous donner tous les détails, d'abord parce qu'il aime parler, et puis parce que vous êtes son confident attitré... Vous ne vous doutez pas de ce que vous êtes pour lui! une sorte de tuteur, de parrain, de père... (Thierry, qui s'était assis, se lève nerveusement et va s'appuyer au carreau de la fenêtre.) Vous savez, c'est quelque chose d'avoir un ami comme vous! c'est ce qui m'a toujours manqué à moi, je n'ai confiance dans personne!

THIERRY, impatienté, se retournant. — Ah! confiance! confiance! Les êtres faibles n'ont que ce mot à la bouche! C'est cette rage de confiance qui nous prend notre liberté à nous, nous les êtres en qui il est

entendu que l'on doit avoir confiance! On a décidé, une fois pour toutes, que l'on aurait confiance en nous! On nous oblige à accepter ce rôle austère que nous n'avons pas sollicité. Vous, vous restez faibles, légers, inconstants, parce que vous n'avez pas la force d'être autre chose, c'est votre droit! Mais de quel droit m'obligez-vous, moi, à être un être de marbre, une espèce de tabernacle où, d'autorité, vous déposez votre confiance! Si je veux être faible moi-même, si la constance me fatigue... Mais il vous faut un tabernacle? cherchez-le donc ailleurs, en vous-même, par exemple, et si vous ne pouvez pas être votre propre tuteur, eh bien! passez-vous de tutelle, mais ne me liez pas les bras avec votre amitié! (A Alice qui le regarde.) Cette sortie vous surprend... Elle est motivée par un très ancien événement de ma vie, qui me revient à la mémoire chaque fois que l'on prononce devant moi ce mot de confiance! Ce métier d'homme de confiance forcé, de majordome de l'âme des autres, je n'en veux plus!

ALICE. — Je ne vois pas pourquoi vous me faites cette sortie subite... Je comprends ce que vous voulez dire : il faut se fier à soi-même et ne pas se reposer paresseusement sur autrui. Pourtant, vous savez, c'est dur de n'avoir pour soutien que soi tout seul... C'est dur de regarder les autres avec méfiance. On a tout de même besoin d'abandon... Evidemment, si les gens à qui l'on s'est fié vous trahissent, c'est une grosse déception. Seulement, pendant tout le temps où l'on a eu confiance en eux, on a été bien soulagé... Et puis, ils ne vous trahissent pas toujours... Je ne me fais pas meilleure que je suis, mais je crois que j'aurais beaucoup de difficulté à trahir quelqu'un.

THIERRY. — Vous parlez comme une personne qui n'a pas connu de tentations...

ALICE. — Evidemment. Ce que je dis est plutôt théorique... Mais il me semble que c'est tout de même un sport intéressant que de lutter contre la tentation.

THIERRY. — Lutter, lutter! C'est facile à dire...

ALICE. — Je parle de choses que je ne connais pas... Je vous quitte, monsieur Thierry. Aura-t-on le plaisir de vous avoir à déjeuner à la villa?

THIERRY, distrait. — Oui, oui, je pense, ces jours-ci.

ALICE. — Prenez votre temps, on soupire après vous, mais on aura la force d'attendre. Nous reprendrons donc plus tard cette conversation sur la confiance. (Elle indique la porte.) On peut dire d'entrer?

THIERRY. — Je n'ai pas entendu frapper!

ALICE. — J'ai entendu, moi. Il faut dire que je suis moins préoccupée. (Elle va ouvrir la porte. Entre Thibaut.) Vous arrivez bien. Votre ami a une conversation un peu forte pour moi, il est question de la confiance qu'on doit garder à ses amis!

THIERRY, nerveux. — C'est bon! C'est bon! C'est une réflexion qui m'avait passé par la tête!

ALICE. — Et dont monsieur Thierry a bien voulu me faire l'hommage parce que je lui suis sympathique et aussi parce que je me trouvais là... Je m'en vais, parce que vous allez dire : « Que ces vieilles filles sont insupportables!» Ne protestez pas!

Elle sort, accompagnée des deux hommes qui font des gestes d'excuse.

THIERRY, d'un ton rapide et gêné. — Eh bien, voilà, je lui ai dit ce que tu m'avais prié de lui dire. Elle a très bien compris, elle trouvait même que tu aurais dû lui parler de la chose très naturellement et elle est si désireuse de ne pas te gêner pendant le séjour de ton amie ici qu'elle part aujourd'hui même chez des parents à elle, de façon que, pendant tout le temps que Mme Herbelin sera ici, tu ne la trouves pas, elle, sur ton chemin.

THIBAUT, qui a écouté avec impatience, comme quelqu'un qui a à parler, lui aussi. — Mon ami, je te remercie, tu as été très gentil de t'occuper de cela, mais tout est changé depuis hier ! A la suite d'une explication de près de quatre heures avec Henriette, mes sentiments, mes projets sont modifiés tout à fait ! Je renonce à Laurence !

THIERRY. — Tu renonces ?

THIBAUT. — J'ai compris que je n'avais pas le droit de faire à Henriette ce que j'avais décidé. Je reste avec elle.

THIERRY, heureux et surpris. — Qu'est-ce que tu dis ?

THIBAUT. — Je me suis trouvé en présence d'une personne qui savait tout, je ne sais pas comment ! Enfin, elle était au courant ! Elle m'a fait demander chez moi, vers dix heures. J'ai eu toutes les peines du monde, à cause des parents qui étaient là. Je suis arrivé d'Honfleur à toute allure. Elle m'a reçu dans la villa de ses amis, au salon. Ils avaient eu la discrétion de monter dans leur chambre. J'ai trouvé une femme complètement affolée et différente de celle que je connaissais. Une femme d'une sensibilité prodigieuse, que je n'avais jamais soupçonnée ! Je vais te raconter cela. Laisse-moi m'asseoir, je suis encore brisé de mon émotion de cette nuit.

THIERRY, très soulagé. — Assieds-toi et prends ton temps. Je ne puis te dire à quel point je suis content de ce que j'apprends ! Si moi-même j'avais été mieux renseigné sur Henriette, si j'avais pu soupçonner combien elle tenait à toi, je t'aurais dit : « Mon vieux, ne la quitte pas, tu as avec elle des engagements que tu ne peux rompre, nous ne sommes tout de même pas des sauvages que le plaisir doit conduire à sa guise. »

THIBAUT. — Mon vieux, c'est ce que j'ai compris en écoutant Henriette, et je l'ai compris d'autant mieux que jamais je ne l'avais vue si jolie, si attirante. Nous étions malheureusement dans un salon ouvert par de larges baies et c'est à peine si j'ai osé l'embrasser. J'aurais voulu l'emmener avec moi, n'importe où, mais elle n'osait pas sortir de la villa à cause de ses amis. Si elle n'avait pas eu cette crainte, nous aurions connu une nuit d'amour sans pareille. Maintenant, tu sais, je t'ai parlé surtout des moments délicieux de notre entrevue de cette nuit... Il y en a eu d'autres, déchirants, affreux. Je suis arrivé, je crois, à la persuader que cette aventure, ce flirt purement intellectuel, n'avait aucune importance, qu'il s'était agi simplement de conversations sur l'art et sur la musique avec une femme d'une haute culture. Je lui ai dit : « Tu comprends, je m'ennuyais terriblement là-bas chez les Gremazeau... Alors, j'ai trouvé cette jeune femme dont la conversation est agréable... j'ai pris cela comme un passe-temps... Vraiment, je ne pensais pas que tu m'en voudrais ; c'était un passe-temps charmant, je le reconnais, mais ce n'était que cela. »

THIERRY. — Et elle a fini par te croire ?

THIBAUT. — Elle m'a cru trois fois. Je veux dire qu'elle m'a cru, qu'elle a cessé de me croire, qu'elle m'a cru à nouveau, qu'elle a encore une fois cessé d'avoir confiance en mes paroles, et puis, en nous quittant, elle me croyait ! Mais combien de temps

va-t-elle rester convaincue ? Alors, voilà, je viens te demander un nouveau service.

THIERRY, souriant. — Quoi, encore ?

THIBAUT, souriant. — Mon pauvre ami, j'abuse de toi ! Hier, je t'ai chargé d'une corvée dont je te demande bien pardon !

THIERRY, gêné. — Ça va bien ! Ça va bien !

THIBAUT. — A propos, comment l'as-tu trouvée ?

THIERRY. — Très bien, très bien !

THIBAUT. — Elle me plaisait beaucoup, certainement, mais je ne veux plus penser à elle ! Puis, je te dis, hier, j'ai fait la connaissance d'une autre femme... Cette autre femme, c'est Henriette, qui s'est révélée avec des trésors de sensibilité qu'aucune femme n'égalera jamais ! Ce n'est donc pas une femme à qui je reviens, c'est, dans toute sa force attractive, une femme nouvelle. Mais, dis-moi ? Et Laurence ? Raconte-moi votre entrevue.

THIERRY. — Dis-moi d'abord ce que tu veux de moi, aujourd'hui.

THIBAUT. — Oui, c'est plus pressant. Voilà ! Henriette sait que tu es mon ami le plus cher et que tu m'aimes beaucoup.

THIERRY, lui serrant la main. — Oui, je t'aime beaucoup... J'ai senti tout à l'heure que je t'aimais beaucoup !

THIBAUT. — Je l'ai senti aussi. Quand je t'ai dit que j'étais remis avec Henriette, tu as paru enchanté pour moi...

THIERRY. — Oui, vraiment, très content !

THIBAUT. — Je reviens à Henriette. Excuse-moi, je suis très agité aujourd'hui, j'ai passé une telle nuit d'émotions...

THIERRY. — Je t'excuse, je t'excuse !

THIBAUT. — Je te disais donc qu'Henriette sait que tu es mon plus cher confident, elle t'estime beaucoup. (Thierry hoche la tête en signe d'assentiment.) Elle sait que tu es plus sérieux (Même geste.) plus grave que moi. (Même geste.) Je veux que ce soit toi qui la rassures.

THIERRY. — Mais je veux bien, mon ami.

THIBAUT. — Tu vas la voir tout à l'heure, elle te répétera tout ce que nous avons dit cette nuit et elle te demandera quelle a été, au juste, la place que Laurence a eue dans ma vie. Dis-lui bien que je t'ai parlé de Laurence. Ajoute, pour montrer que tu ne mens pas, que je t'ai dit beaucoup de bien d'elle, et, quand tu l'auras rassurée ainsi et que tu lui auras inspiré de la confiance en toi, affirme-lui qu'il n'y a rien eu de sentimental dans mes relations avec cette jeune femme. Je n'ai pas besoin de te faire la leçon. Je suis sûr que tu lui diras cela beaucoup mieux que moi.

THIERRY. — Enfin, je tâcherai !

THIBAUT. — C'est de toi que dépend mon bonheur futur, car je crois, tu sais, que je l'épouserai. Je la ferai divorcer et nous nous marierons.

THIERRY. — Enfin, nous verrons cela.

THIBAUT. — Oui, nous verrons cela. Pour le moment, l'important est de la remettre en confiance. Je ne veux plus qu'elle souffre. Ah ! vois-tu, j'ai senti cette nuit ce que c'était que la vraie souffrance d'une femme. C'est affreux ! c'est immense ! c'est remuant au possible... Parle-lui, mon bon Thierry, calme-la ! Elle va venir tout de suite ! Je lui ai dit que tu l'attendais.

THIERRY. — Oui, je préfère qu'elle vienne maintenant, parce que... parce que... je vais m'en aller.

THIBAUT. — Comment ! tu vas... Je te croyais installé ici pour trois semaines.

THIERRY. — Je reviendrai, enfin, je pense que je reviendrai. Il faut te dire, d'ailleurs tu le sais, que mon frère arrive d'Orient...

THIBAUT. — Oui, je le sais, mais il était entendu qu'il devait te retrouver ici.

THIERRY, pas trop embarrassé. — Enfin, il viendra probablement, peut-être aujourd'hui, mais je serai obligé de l'accompagner ailleurs pour une affaire de cœur qui le concerne.

THIBAUT. — Je ne te demande pas de quoi il s'agit; mon vieux, je sais que tu ne me caches rien de tes soucis personnels, mais ceux de ton frère ne me regardent pas, et j'ajoute qu'en ce moment, au moins, ils m'intéresseraient peu... Je m'étonne qu'elle ne soit pas encore ici, elle était si impatiente d'être rassurée! En tout cas, je m'en vais. Il m'arrive une chose embêtante, c'est que je suis obligé de m'excuser auprès de mes parents que nous avons reçus pour la fête de ma mère. Mandé par Henriette, j'ai dû les quitter, hier soir, un peu brusquement. Je pense qu'ils se promènent dans Deauville ce matin. Je me sauve. (Allant à Thierry.) Mon vieux, je ne te dis rien!

THIERRY. — Non, ne me dis rien.

THIBAUT. — Je file.

Il sort. Thierry, seul, sonne le valet de chambre. En attendant, il se promène en chantonnant. Entre le valet.

LE VALET. — Je vois que Monsieur est de meilleure humeur que tantôt!

THIERRY. — Avez-vous déjà eu la conscience tranquille?

LE VALET. — Mais je l'ai toujours comme ça, Monsieur!

THIERRY. — Moi, j'ai la conscience tranquille, maintenant. Je n'en suis pas trop responsable, et c'est un heureux hasard qui m'a libéré, mais ça fait plaisir tout de même. Il ne faut pas faire le malin, et, quand on se trouve en règle avec sa conscience par un concours de circonstances extérieures, mon Dieu, c'est déjà bien joli... Dites donc, je crois que je partirai ce soir.

LE VALET. — Oh! bien, voilà qui n'est pas gentil!

THIERRY. — Merci! Si ça vous fait de la peine, je tâcherai de revenir. Cet après-midi, vous me referez mes malles.

LE VALET. — Qu'est-ce que vous voulez, puisque Monsieur s'en va, il faudra bien! Je vais chercher les malles que j'avais montées en haut. (Il ouvre la porte. — Parlant à la cantonade.) Qu'est-ce que c'est ? (A Thierry.) C'est un chasseur. (Il interroge le chasseur à la cantonade, puis, à Thierry.) C'est une dame pour Monsieur!...

THIERRY. — Je sais. Qu'on lui dise de monter.

Le valet sort un instant pour faire la commission au chasseur et revient.

LE VALET. — Ça n'a pas chômé pendant le séjour de Monsieur! Si Monsieur était un de ces gars comme il y en a, je dirais que Monsieur rattrape bien le prix de sa chambre!

THIERRY. — Ouvrez la porte à cette dame, elle doit être montée, maintenant.

LE VALET, ouvrant la porte et regardant à la cantonade. — La voilà qui vient. Ah! dites donc, Monsieur, on dirait qu'elle est tout en larmes!

THIERRY, à lui-même. — Bon! ça va être une séance!

LE VALET. — Que Madame se donne la peine d'entrer.

Il s'efface pour laisser passer Henriette et sort.

HENRIETTE, accablée, à Thierry. — Vous voyez dans quel état je suis, monsieur Thierry Lannion!

THIERRY avec sollicitude. — Asseyez-vous, madame, et calmez-vous, je vous assure que votre chagrin n'a pas de raison d'être! Thibaut est venu, il m'a tout raconté; comme il arrive souvent, vous vous êtes fait un monde de simples racontars. Voici exactement ce qui s'est passé...

HENRIETTE. — Non, monsieur! Non, monsieur! ne me parlez pas de cette personne, il me semble que j'ai une plaie à vif que vous touchez! J'ai vu Thibaut hier soir et j'ai eu la faiblesse de le croire! Je me suis laissé griser par ses protestations et, une fois rentrée chez moi, je me suis dit que j'avais été lâche et stupide d'avoir pu l'écouter. (Fondant en larmes.) Ah! monsieur, que je suis malheureuse! Vous n'avez pas idée de ce que je souffre...

THIERRY. — Si, madame, j'ai idée de ce que vous souffrez! Mais voulez-vous me faire la grâce de m'écouter un peu, un tout petit peu! Je ne veux pas vous mentir, je veux vous raisonner. Je ne veux pas vous dire que vous vous trompez, vous me répondriez : « Non, je ne me trompe pas! » Je vous dirais: « Si!» Vous me répondriez: « Non, je ne me trompe pas! » Je vous dirais: « Si! » Vous me répondriez: « Non! » pendant des heures et ça n'avancerait à rien. Je veux seulement que, pendant quelques instants, vous laissiez votre pensée de côté et que vous suiviez ce que je vous dis, que vous m'écoutiez docilement. Faites comme une malade qui n'aurait pas confiance dans un traitement, mais qui, par gentillesse pour ceux qui l'entourent et qui lui veulent du bien, consent néanmoins à écouter le médecin.

HENRIETTE. — Vous êtes bon, monsieur!

THIERRY. — Non, madame, je ne suis pas meilleur qu'un autre, mais, en vous voyant ainsi effondrée, comment ne s'attendrirait-on pas?

HENRIETTE. — Vous êtes gentil!

THIERRY. — La peine d'un petit être tel que vous est insupportable.

HENRIETTE. — Vous êtes meilleur que votre ami Thibaut!

THIERRY. — Mais non, je ne suis pas meilleur que lui. Je vous assure que, lui non plus, ne peut pas supporter votre douleur, mais il est jeune, n'est-ce pas?

HENRIETTE, levant les yeux au ciel. — Oh! oui!

THIERRY. — Tandis que, moi, je suis un homme mûr...

HENRIETTE. — Ah! non, tout de même.

THIERRY, souriant. — Je ne dis pas que je suis un vieillard, mais je suis beaucoup moins jeune que Thibaut. Cette jeunesse extrême a ses défauts, mais elle a ses charmes. Et sa jeunesse est une des choses qui vous plaisent le plus en lui.

HENRIETTE, sérieusement. — Je ne crois pas. Si j'étais une femme âgée, je serais sans doute attirée par sa jeunesse, mais je suis jeune aussi!

THIERRY, souriant. — Je le vois.

HENRIETTE. — J'ai vingt-trois ans. J'ai besoin d'avoir un soutien, et, même ce que je lui reprochais le plus, c'était son inconséquence, le manque de sécurité qu'il me donnait. Mais, tout de même, je ne pensais pas que ça irait jusqu'à me tromper!

Elle fond en larmes.

Thierry. — Allons! allons! allez-vous faire la méchante?

Henriette. — Je ne suis pas méchante!

Thierry. — Non! c'est une façon de parler, je veux dire que vous n'êtes pas gentille de ne pas écouter ceux qui vous veulent du bien. Il ne faut pas, comme vous faites, courir après la douleur. La douleur, c'est une chose mauvaise qu'il faut fuir. Je vous jure que si vous m'écoutez gentiment, bientôt vous n'aurez plus de douleur du tout. Ne dites pas non, il ne faut pas se rebeller contre le médecin. Vous ne tenez pas à être malheureuse?

Henriette. — Oh! non, ça fait trop mal.

Thierry. — Eh bien, écoutez-moi!

Henriette. — Je vous écoute, monsieur Thierry!

Thierry. — Dites-moi : « Je vous écoute, mon ami Thierry. »

Henriette, souriant. — Je vous écoute, mon ami Thierry.

Thierry. — Eh bien, c'est gentil, ça, c'est la première partie du traitement. Il faut que vous sentiez en moi un véritable ami.

Henriette, lui prenant la main et la rapprochant de sa poitrine. — Je le sens, je le sens!

Thierry. — Vous avez raison, il faut que vous vous abandonniez et que vous vous disiez : « J'ai là un ami qui me dirige comme un bon pilote et qui m'empêchera de faire naufrage! » Vous voyez tout ce que je suis pour vous! (Souriant.) Un médecin, un ami, un pilote!

Henriette, souriant. — Vous êtes drôle! (Le regardant.) C'est vrai que vous êtes très gentil. On me l'avait dit, mais je ne me le figurais pas. Je vous prenais pour un homme terrible qui écrasait le cœur des femmes.

Thierry, riant d'un rire un peu affecté. — Oh! qui a pu vous dire de pareilles choses?

Henriette. — Je ne sais plus, mais plusieurs personnes... Il y a très longtemps, vous savez, que vous m'intriguez un peu. Vous ne vous rappelez pas un jour de réveillon où nous avons soupé à la même table, chez les Ferrier-Lancy?

Thierry. — Si, je me rappelle très bien.

Henriette. — Vraiment, vous vous le rappelez? Moi, je m'étais figuré que vous ne faisiez pas attention à moi et j'en étais même un peu vexée! Justement, ce soir-là, j'avais une robe qui me plaisait et dont on m'avait fait grands compliments. Mais vous étiez le voisin d'une dame qui vous accaparait beaucoup.

Thierry, faisant mine de chercher. — Voisin de qui?

Henriette. — Il ne sait même plus de qui! Quel homme! Une autre fois, au Casino, à un souper, c'était il y a deux ans, il m'avait semblé que vous me regardiez de votre table en souriant, — j'étais toute remuée. Et puis, je m'aperçus que vous souriiez à une autre femme qui était à la table derrière moi. J'ai pris un petit air méchant; ce n'était pourtant pas ma faute si vous vous étiez trompé! Vous savez que lorsque Thibaut m'a demandé de me faire sermonner... c'est bien sermonner?... par un de ses amis, je n'aurais jamais accepté si cela n'avait pas été par vous... C'est pourtant vrai que vous êtes un homme terrible... C'est curieux et pourtant je ne sais pas, aujourd'hui je n'en ai pas l'impression. Je me dis autre chose : je me dis que si vous séduisez les femmes, je peux me tromper, mais il me semble que c'est cela, si vous séduisez les femmes,

c'est que vous leur parlez d'une façon si gentille! (Fermant à demi les yeux.) Vous êtes très tendre.

Thierry, qui commence à se méfier de lui-même, quitte Henriette et se lève. — Eh bien, maintenant que vous êtes bien sage, vous allez aller retrouver Thibaut.

Henriette. — Non, je ne suis pas si calme que vous croyez. En ce moment, je subis votre influence. Je crois, — c'est mon impression de cette minute même, — je crois que j'ai exagéré les choses et que l'aventure de Thibaut n'est pas aussi grave que je l'avais supposé. Mais je me connais : une fois que vous ne serez plus là, je retomberai dans mon cauchemar. Monsieur Thierry, mon ami Thierry... Vous avez entrepris la tâche de me guérir, eh bien, je ne suis pas encore guérie!... D'abord, vous ne m'avez rien expliqué. Qu'est-ce qu'il y a eu au juste entre Thibaut et cette femme?

Thierry. — Mais vous ne voulez pas que je vous en parle!

Henriette. — Si, maintenant, vous pouvez m'en parler, je le supporterai mieux.

Thierry. — Eh bien, il n'y a rien eu du tout, des conversations sur l'art, sur la musique.

Henriette. — Mais il ne suffit pas de me dire : « Il n'y a rien eu du tout! » Il faut me parler davantage. J'aime quand vous me parlez! Quand vous me parlez, je vous crois; venez ici, comme nous étions tout à l'heure. (Il hésite, puis se décide à reprendre sa place auprès d'elle.) C'est très bien. Quand vous êtes là, je me sens tout de suite mieux. (Silence.) Vous ne me parlez pas, alors, c'est moi qui vais vous parler, restez ici... Ecoutez, je vais vous dire tout ce que moi j'ai pensé lorsque j'ai appris qu'il y avait eu des conversations prolongées entre Thibaut et cette femme. J'avais eu l'impression que ça n'allait pas loin, et tout de même ça m'avait fait beaucoup de peine, peut-être autant de peine que si ça avait été plus grave, c'est-à-dire plus complet. Je me disais : « Cette femme est plus intelligente que moi, elle est plus savante, moi, je ne sais rien, j'aime la musique, cela me transporte, cela m'enivre, mais je suis incapable d'en parler. » J'étais tout le temps à me répéter : « Cette femme est plus séduisante que moi! »

Thierry. — Non, non, ne dites pas cela, c'est inexact.

Henriette. — Vous protestez pour me faire plaisir!

Thierry, avec un peu d'humeur. — Non! Je dis cela parce que c'est la vérité.

Henriette. — Elle n'est pas plus intelligente que moi?

Thierry. — Intelligente! c'est un mot qui n'a plus qu'un sens vague; qu'elle sache plus de choses que vous, c'est possible, mais sa sensibilité n'est pas supérieure à la vôtre. On vous devine plus primesautière, plus vibrante, plus naturelle, et c'est à quoi l'on est... (Se reprenant.) c'est à quoi les hommes sont... enfin, c'est à quoi Thibaut est sensible. La sensibilité éveille toujours une autre sensibilité.

Henriette. — Il vous l'a dit?

Thierry. — Il n'est pas nécessaire qu'il me l'ait dit. (Avec une froideur forcée.) Je m'en rends compte...

Henriette. — Alors... je vous demande pardon; je vais vous parler comme une petite fille! Vous trouvez que j'ai de la séduction?

Thierry, sèchement. — Certainement.

Henriette. — Vous dites cela par politesse.

Thierry. — Si je disais cela par politesse, je

le dirais moins froidement. Je ne suis pas ici pour vous faire des compliments, mais pour vous parler de mon ami Thibaut que vous allez rejoindre très gentiment.

HENRIETTE. — Non, non, je n'irai pas le rejoindre maintenant. Avec ses foucades, ses sentiments exaltés, il arriverait à me rendre malade de nouveau. Monsieur Thierry, laissez-moi encore rester auprès de vous. J'ai beaucoup souffert cette nuit, j'ai passé des heures abominables. Alors, il faut être gentil pour moi! Enfin, tout à l'heure, vous étiez si gentil pour moi et maintenant je vous trouve tout changé! C'était vous qui me disiez tout à l'heure qu'il fallait vous écouter docilement; c'est moi qui vous dis maintenant que je ne demande pas mieux. Je vais vous écouter docilement et tant que vous voudrez. (Elle s'approche.) Mon ami Thierry, parlez-moi.

THIERRY. — Non, mon enfant! Non, mon enfant!

HENRIETTE. — Pourquoi non? (Changeant de ton.) J'aime bien quand vous m'appelez mon enfant...

THIERRY. — Non, madame! C'est très dangereux, ce que vous faites là. C'est un jeu plein de périls... Je me suis laissé prendre à une sorte de pitié pour vous. Maintenant, je sens bien que ce n'est plus seulement de la pitié. Je ne vous connaissais pas, madame, je m'attendais à pouvoir vous parler raisonnablement!

HENRIETTE. — Mais vous m'avez parlé avec beaucoup de raison!

THIERRY. — Allons! allons! ce n'est pas de la raison; ou si c'est de la raison, c'est de la raison trop tendre... beaucoup trop tendre!

HENRIETTE. — Alors, vous regrettez ce que vous m'avez dit?

THIERRY. — Je regrette de vous l'avoir dit comme je vous l'ai dit; autrement que je n'aurais dû. J'ai voulu trop bien faire, alors, j'ai été très près de mal faire! Mais aussi, on ne charge pas les gens de commissions pareilles auprès de petits êtres comme vous! Vous êtes l'amie de mon ami...

HENRIETTE. — Oui !... Évidemment... (Silence.) Alors, il faut que je m'en aille?

THIERRY, gêné. — Eh bien, oui! Qu'est-ce que vous voulez, il vaut mieux que vous vous en alliez.

HENRIETTE. — Je vais m'en aller dans cinq minutes. (Elle se lève et s'approche de lui, d'un ton grave.) Je n'ai jamais connu dans ma vie de minutes aussi... aussi... apaisantes... aussi heureuses que celles que vous m'avez données tout à l'heure. Vous êtes le seul être auprès de qui j'ai connu la véritable tendresse, la tendresse... puissante, la protection, et voilà qu'il faut que je vous quitte! Adieu, mon ami... Vous pouvez bien m'embrasser pour me dire adieu, j'ai bien le droit à un petit « adieu ». (Il lui pose un baiser rapide sur la tempe.) Oh! non, ce n'est pas un baiser d'adieu! (Il lui pose un baiser beaucoup plus long.) C'est gentil... tu es gentil! (Quémandant.) Encore adieu? (Il l'embrasse de la même façon.) C'est gentil! Puisqu'on va se quitter, il faut m'embrasser une toute petite fois autrement que sur le front...

THIERRY, avec une molle énergie. — Ah! non!

HENRIETTE, câline. — Si! (Elle lui prend les lèvres, il s'abandonne.) Je veux rester avec toi, tout le temps, tout le temps, je t'aime !

RIDEAU

ACTE III

La scène représente un petit salon, très élégant, de la maison de campagne que Mme Thibaut mère habite aux environs d'Honfleur. Il est trois heures de l'après-midi.

Au lever du rideau, Thierry, son chapeau sur la tête, est assis au milieu de la scène. Il paraît absolument consterné et accablé. Il se lève à l'entrée d'Alice Ursin.

THIERRY. — Bonjour, mademoiselle. Votre cousin... n'est pas là?

ALICE. — Mais non, il vous cherche dans tout Deauville, ou, tout au moins, je le suppose; il était tout agité pendant le déjeuner, d'une humeur massacrante, d'abord parce que les parents ne sont pas encore partis, et que Mme Thibaut, qui, entre deux parties de baccara, se retrouve toujours chef de famille, a exigé qu'il déjeune à la maison... Vous comprenez, comme il y a deux fois vingt-quatre heures qu'elle n'a pas eu sa partie, elle désire que la terre entière soit privée de tout plaisir.

THIERRY, regardant sa montre. — Eh bien, je vais aller jusqu'à l'embarcadère d'Honfleur, c'est à dix minutes d'ici, et il y a des chances pour que mon frère arrive par le bateau du Havre.

ALICE. — Je me souviens en effet qu'à table Mme Thibaut a parlé de l'arrivée prochaine de votre frère. Elle projetait de l'inviter à déjeuner avec vous, et c'est mon cousin Thibaut qui nous a dit que vous alliez vous absenter.

THIERRY. — En effet...

Il se dirige vers la porte de gauche.

ALICE. — Vous vous en allez par là?

THIERRY. — Oui, j'ai laissé ma voiture sur le petit chemin. C'est plus commode, pour descendre sur Honfleur... Si par hasard mon frère arrivait par Deauville, il faudrait lui faire dire qu'il vienne me retrouver ici... Je vais même téléphoner au Royal... mais, d'autre part, s'ils me font attendre pour le téléphone, je risque de manquer le bateau d'Honfleur.

ALICE. — Ce qui veut dire, en patois du pays, que vous désirez que je téléphone pour vous au Royal?

THIERRY. — Je n'osais pas...

ALICE. — Osez. Je téléphonerai. Dépêchez-vous d'aller au-devant de votre frère.

THIERRY. — Alors, si, par hasard, il est arrivé au Royal, on le priera de venir ici.

ALICE. — J'ai compris; je ne suis pas aussi bête... que vous en avez l'air. Pardon de cette plaisanterie, allez à votre bateau.

THIERRY. — Je serai ici dans une demi-heure.

ALICE. — Mais oui, allez! (Il sort.) ... Le fait est qu'aujourd'hui il a l'air... un peu diminué. (Elle est allée à l'appareil.) « C'est vous, mademoiselle? Comment ça va-t-il? Avez-vous essayé de mes cachets contre la migraine?... Non, ne me remerciez pas et prenez-en. Et donnez-moi, pour vous distraire, le 128 à Deauville. Oui, oui, je connais le numéro, nous téléphonons quinze fois par jour à cet hôtel-là... » (Au moment où elle raccroche le récepteur, la porte de droite s'ouvre. Paraît Louis Lannion.) Comment? C'est vous? Eh bien, on peut dire que c'est la journée des chassés-croisés. Votre frère Thierry vient d'aller vous chercher au bateau d'Honfleur.

LOUIS. — Eh bien, à Rouen, j'ai trouvé quelqu'un qui m'a amené en voiture à Deauville. Je n'ai pas eu le temps de téléphoner. D'ailleurs, je ne pensais pas que Thierry se dérangerait pour aller à Honfleur, étant donné l'incertitude de mon heure d'arrivée.

ALICE. — Vous n'avez qu'à l'attendre ici. A moins que vous ne préfériez aller à sa rencontre. Si vous prenez par là, par la route directe qui va à Honfleur, vous avez toute chance de le trouver sur la route.

LOUIS. — Dame, je suis assez impatient de le voir... Ne vous dérangez pas, je trouverai bien.

Il sort par la porte de gauche.

ALICE, au téléphone. — « Annulez, si vous le voulez bien, la demande de communication pour Deauville, si toutefois vous avez noté ma demande et si vous y pensez encore... Mais oui, mademoiselle, je plaisantais. » (Au moment où elle raccroche le récepteur, Thibaut entre par la droite.) Bon! le jeu de cache-cache continue. Vous courez après Thierry? Il sort d'ici...

THIBAUT. — Oui, j'ai des explications à lui demander... D'autre part, j'avais à voir à Deauville une autre personne...

ALICE. — Mme Herbelin? Elle a téléphoné tout de suite, après votre départ d'ici, que vous ne vous dérangiez pas. Elle est partie jusqu'à ce soir en excursion avec des amis.

THIBAUT. — Je n'y comprends rien!

ALICE. — Ah! moi non plus! Je suis le groom du téléphone et je transmets les communications.

THIBAUT, songeur. — Elle m'avait donné rendez-vous à trois heures! Et ce que vous me dites m'a été confirmé à la villa où elle habite chez ses amis... Je n'y comprends rien... Alice? Votre impression?... Est-ce vous qui étiez au téléphone quand cette dame a téléphoné? Avez-vous remarqué quelque chose d'angoissé dans sa voix?

ALICE. — Non. Je n'ai pas eu cette impression. Elle parlait plutôt d'un ton enjoué...

THIBAUT. — C'est curieux... En tout cas, j'aime mieux cela... Il est probable que Thierry l'aura calmée... J'aurais bien voulu voir Thierry et savoir de lui comment ça s'est passé.

ALICE. — Il ne va pas tarder à revenir. Son frère est allé de son côté sur la route d'Honfleur. Il ne se passera pas dix minutes avant qu'ils soient ici tous les deux...

THIBAUT. — Oui... avec son frère... son frère va nous gêner...

ALICE. — Soyez tranquille! Dès qu'ils arriveront, je me chargerai du frère que j'emmènerai faire un tour dans le jardin.

THIBAUT, s'asseyant. — Je suis ahuri de tout ce qui se passe... J'ai des points d'interrogation qui dansent...

ALICE. — Oh! bien, ce n'est pas moi qui peux les empêcher de danser.

THIBAUT, après l'avoir regardée. — Alice?... Vous êtes une personne discrète?

ALICE. — Jamais pour les secrets que je devine. Mais je suis d'une discrétion absolue pour ceux que l'on veut bien me confier. Aussi, je vous en prie, ne dites rien. Je ne pourrais pas répéter vos confidences et ça me gênerait...

THIBAUT. — Je dois vous dire, d'abord, qu'en ce qui concerne Mme Herbelin...

ALICE. — Ça... c'est de la trop vieille histoire; vous êtes son amant depuis deux ans. (Il fait un geste de protestation; elle l'arrête.) D'autre part, vous avez fait connaissance, il y a quinze jours, en Touraine, d'une dame Harper que vous vouliez épouser.

THIBAUT. — Mais, comment savez-vous?

ALICE. — Je sais cela, mon ami, parce que tout le monde le sait ici. Vous avez une discrétion tapageuse. Vous ne vous en rendez pas compte, mais c'est comme ça. Je suis dans la maison une employée, mais je suis aussi votre cousine. Alors, je peux me permettre de vous donner mon avis et de vous dire que tout cela n'est pas très sérieux. Que s'est-il passé depuis hier? Vous avez eu peur d'une rencontre entre votre nouvelle passion et l'ancienne?

THIBAUT. — Il ne s'agit plus de cela : je me suis aperçu que je me trompais tout à fait sur la profondeur des sentiments... que j'avais ... pour la première de ces personnes et qu'elle de son côté...

ALICE. — ...vous aimait aussi beaucoup plus profondément que vous ne vous l'étiez imaginé? Elle vous aime beaucoup plus depuis qu'elle a appris votre nouvelle aventure. Vous l'avez trouvée en larmes, l'autre soir?

THIBAUT. — Comment savez-vous?

ALICE. — Elle était en larmes au téléphone quand elle a demandé après vous; je vous jure que ce jour-là on pouvait s'en rendre compte et que sa voix était profondément altérée. Il n'y avait pas à s'y tromper. Nous avons un appareil téléphonique excellent, et j'ai une très bonne oreille, reliée à une petite jugeotte qui n'est pas en mauvais état... Vous êtes allé la voir, vous avez eu avec elle une séance très agitée. A la suite de cela, vous avez décidé de laisser tomber la dame anglaise... Voulez-vous que je vous donne là-dessus mon très humble avis? Vous n'aimez ni l'une ni l'autre!

THIBAUT. — Qu'est-ce que vous en savez?

ALICE. — Eh bien, et vous? Vous vous figurez que vous en savez quelque chose? Vous êtes simplement, depuis que vous avez l'âge d'aimer, à la poursuite d'une grande passion... Vous avez bien vu, pendant un an, que Mme Herbelin ne vous donnait pas ce que vous attendiez...

THIBAUT. — Comment pouvez-vous dire ça?

ALICE. — C'est une impression. Elle vaut ce qu'elle vaut, mais je crois qu'elle est juste... A la première occasion, vous vous êtes emballé pour une autre personne. Mme Herbelin l'a su. Elle a eu une crise de dépit que vous avez prise pour de l'amour.

THIBAUT. — Je vous laisse parler...

ALICE. — Oui. Laissez-moi parler... Alors, pour vous, c'était l'amour, le vrai amour, le grand amour, que vous aviez méconnu pendant deux ans et qui se révélait tout à coup. Vous ne vous êtes pas demandé, vous n'avez pas voulu vous demander ce qui arriverait, une fois les huit jours de cette crise passés. Je vais vous le dire, moi, ce qui arrivera : une semaine de transports et d'exaltation. Puis, le calme d'avant et la déception.

THIBAUT. — Je me demande où vous avez acquis cette expérience.

ALICE. — C'est parce que moi, jeune fille, je n'ai fait aucune de ces fausses expériences que vous prenez, vous, pour de l'expérience, et qui vous font croire que vous connaissez la vie.

THIBAUT. — Alors, vous, vous la connaissez, la vie?... Dites-moi un peu ce que c'est, à votre idée?

ALICE. — La vie, la vraie vie, c'est précisément celle que vous ne vivez pas, et que vous ne savez pas vivre. Vous avez toujours été trop pressé, mon petit Thibaut. Moi, je ne suis pas pressée du tout. En tout cas, je ne suis pas pressée de me tromper, comme vous avez fait. J'ai vingt-quatre ans, c'est entendu. Et dans un an, je coifferai sainte Catherine. Eh bien, je la coifferai, voilà tout! J'aime mieux une vie manquée orgueilleusement comme la mienne qu'une vie loupée comme la vôtre. Ou je trouverai l'amour sous la forme d'un compagnon éprouvé, avec qui je regarderai ce qui se passe autour de moi, en échangeant nos impressions, ou je continuerai à contempler le monde toute seule, avec de la mélancolie. Mais, quoi! Ce n'est pas si désagréable que ça, la mélancolie. Je me demande si le regret de ce que je n'ai pas fait ne vaut pas mieux que le regret de ce que j'aurais pu faire... C'est bien connu, que les choses que l'on n'a pas eues sont toujours les plus belles. Tandis que les mauvais souvenirs, c'est bien vivant...

Silence.

THIBAUT. — Vous avez beaucoup de mépris pour moi, Alice?

ALICE. — Non, certes, mais je n'ai pas d'estime pour l'homme que vous avez fait de vous-même.

THIBAUT. — Et, dites-moi, Alice, n'avez-vous jamais aimé?... (Elle ne répond pas.) Je vois que je vous ai gênée par ma question?

ALICE. — Quelle question?

THIBAUT. — Je vous ai demandé si vous aviez aimé?

ALICE. — Cette question ne me gêne plus : j'ai aimé, en effet, quelqu'un...

THIBAUT. — Quelqu'un que je connais?

ALICE. — Oh! vous le connaissez sans le connaître...

THIBAUT. — Quelqu'un qui a disparu?

ALICE. — Quelqu'un qui vit toujours, mais qui n'est plus celui que j'ai aimé. C'était vous, Thibaut!

THIBAUT, ému. — Comment, Alice?

ALICE. — Oh! ne chavirez pas, Thibaut! Je vous assure qu'il n'y a plus de quoi. Je sais très bien que lorsqu'on dit à un monsieur qu'on l'aime, il est doucement troublé. Ce trouble, c'est simplement une preuve de l'amour qu'il a pour lui-même.

THIBAUT. — Et comment n'ai-je rien soupçonné?

ALICE. — Mais tout simplement parce que je vous aimais vraiment, que vous n'auriez pas compris cela de la même façon...

THIBAUT, ému. — Alice!...

ALICE. — Vous auriez eu cette petite émotion rituelle que vous avez maintenant. Elle aurait juré avec la gravité de mon émotion à moi, Thibaut. J'ai trop besoin, pour estimer la vie, de respecter l'amour. L'amour, tout de même, c'est l'unique raison de vivre des vieilles filles comme moi, même quand elles ne le connaissent que de nom... Mais son nom est tellement beau... Je vis, c'est entendu, dans la théorie sentimentale, mais je préfère cette vaine théorie à vos basses pratiques... C'est pour ça que, lorsque j'aime, moi, j'ai peur de diminuer, d'avilir mon amour en le laissant voir à tous les autres gens.

THIBAUT. — Mais, vous auriez pu me le dire à moi!

ALICE. — Je viens de vous dire que je vous aimais : je ne vous ai pas dit que j'avais confiance en vous. Seulement, maintenant que c'est fini, que c'est de l'histoire, je ne suis pas fâchée de vous l'avoir dit...

THIBAUT, avec élan. — Et vous me le redirez encore !

ALICE. — Non, Thibaut. Si je me suis laissé aller à cette indiscrétion, c'est que j'ai l'intention bien arrêtée de m'en aller dès ce soir...

THIBAUT. — Alice!

ALICE. — Je vais aller vivre chez ma sœur, et je m'occuperai de ses enfants. Elle a deux petites filles de huit et dix ans, à qui, plus tard, je donnerai de ma sagesse, en tâchant que ça ne les gêne pas trop dans la vie.

THIBAUT, ardent. — Alice, il faut que je vous parle !

ALICE. — Pourquoi? Tout ce que vous pourriez me dire en votre faveur, je me le suis dit, et beaucoup mieux que vous ne sauriez le faire. Ah! mon aveu vous a transporté, vous êtes prêt à me sacrifier toutes vos autres passions! Ce n'est pas une preuve suffisante...

THIBAUT. — Alice, il faut que je vous parle...

ALICE. — Et moi, je ne veux pas que vous me parliez. Ce qui pourra vous arriver de mieux, c'est de ne pas gâter le regret que j'emporterai, non de vous, mais de ce que vous auriez dû être... Adieu, Thibaut!...

Elle sort.

THIBAUT, la suivant. — Alice!

Au moment où il se dirige vers la porte qu'elle vient de refermer, Thierry et Louis entrent par la gauche.

THIERRY. — Thibaut!

THIBAUT, précipitamment. — Je suis à toi, tout de suite. Bonjour, Louis, vous avez fait un bon voyage? Excusez-moi, je suis à vous dans un instant.

Il sort par la porte de droite par où est sortie Alice.

LOUIS. — Qu'est-ce qu'il a?

THIERRY. — Je ne sais pas. Il est dans cet état-là depuis hier. Il est bien heureux d'être fou. Moi, je changerais avec lui. Qu'est-ce que je suis, moi, qu'est-ce que je suis, moi qui l'ai trahi deux fois en vingt-quatre heures! Qu'est-ce que je vais pouvoir lui dire!

LOUIS. — Mais, rien, mon ami! Tu ne vas pas lui faire des aveux, je pense? Ton secret ne t'appartient pas. Tu ne peux pas t'accuser de trahison sans compromettre du même coup tes deux partenaires.

THIERRY. — Pour la première fois, ça n'a plus d'importance, puisqu'il y a renoncé... Mais la seconde!... C'est une femme tellement exaltée! On n'est jamais sûr de la discrétion d'un être aussi sensible. A la première crise d'exaltation, elle est capable de lui raconter toute l'histoire.

LOUIS. — Oui... oui... C'est ce qui te donne des idées de franchise et d'aveux. Cette franchise serait évidemment plus méritoire si tu ne craignais pas l'indiscrétion de la dame.

THIERRY. — Qu'est-ce que je vais dire à Thibaut!

LOUIS. — Attends en tout cas de voir la façon dont s'engagera l'entretien. Quelle rage de vouloir préparer d'avance ce que l'on va dire!

THIERRY. — Je crois qu'il revient... Tu devrais rester avec moi.

LOUIS. — Non, comment veux-tu? Je vais faire un tour dans le jardin. Ne te démonte pas. L'important est de ne jamais se démonter.

THIERRY. — Quel sale bonhomme je fais!

LOUIS. — Tu ne constitues malheureusement pas une très rare exception.

Il sort à gauche. Après son départ, Thierry s'assoit, accablé. Entre Thibaut.

THIBAUT. — Eh bien, te voilà enfin? Comment ça s'est-il passé?... Quelle impression as-tu eue? Qu'elle m'est attachée, n'est-ce pas?

THIERRY. — Oui... oui...

THIBAUT. — Très attachée...

THIERRY. — Oui... oui...

THIBAUT. — Voilà ce que je craignais!

THIERRY, stupéfait. — Comment dis-tu?

THIBAUT. — Voilà, j'ai réfléchi, moi, de mon côté...

THIERRY. — Qu'est-ce que tu me racontes?

THIBAUT. — Écoute-moi. Je me suis demandé si cette crise de sensibilité qui m'avait tant troublé, charmé, pris tout entier, hier soir, ce n'était pas simplement le dépit d'une femme qui se croit trahie, et non pas une recrudescence d'amour. As-tu eu, toi, l'impression qu'elle m'aimait véritablement?

THIERRY, gêné. — Eh bien... Eh bien, oui... tout de même...

THIBAUT. — Ah! tu n'as pas besoin de me dire qu'elle tient à moi, j'en suis malheureusement sûr!...

THIERRY. — Pourquoi, malheureusement?

THIBAUT, avec élan. — Mon ami, mon cher Thierry, laisse que je t'embrasse!

THIERRY, le laissant faire. — Tu y tiens?

THIBAUT. — Tu es mon soutien, mon refuge, dans cet orage, cet orage heureux, d'ailleurs, de ma destinée...

THIERRY. — Je ne te comprends pas...

THIBAUT. — Ces deux dernières journées n'ont été qu'une succession miraculeuse d'événements foudroyants!... Mais, voilà bien le destin, il vous emmène pendant des mois à un petit train de chemin de fer vicinal. Et puis, tout à coup, les événements arrivent en trombe, comme le rapide, comme la malle des Indes! Jamais tu ne devinerais qui vient de me faire un aveu, mais un aveu qui m'a bouleversé de fond en comble! Non, non, ne cherche pas : tu ne trouverais jamais! Alice m'aime, entends-tu, Alice! Et pour que celle-là, qui est le sérieux, la gravité en personne, puisse dire : « Je vous aime! » à quelqu'un, il faut qu'il s'agisse d'un sentiment profond, d'un sentiment dont nous n'avons aucune idée, car les femmes que nous avons rencontrées n'en étaient pas capables! Et ce n'est pas là une de ces déclarations brusques, provoquées par la jalousie ou par une crise passagère! Alice m'aime! Elle m'a dit qu'elle m'avait aimé et qu'elle ne m'aime plus! Mais, comment voudrais-tu qu'un pareil sentiment s'abolît?

même si celui auquel il s'adresse n'est plus digne de ce magnifique amour? Elle dit qu'elle ne m'estime plus, que j'ai gâché ma vie, que je me suis avili... Elle a raison, d'ailleurs! Et je sens bien que s'il y a du bonheur, du vrai, du grand bonheur pour moi dans l'existence, c'est auprès de cet être admirable et auprès de nul autre que je pourrai le trouver. J'aurai de la peine à me séparer d'Henriette, mais j'y suis décidé. Je suis décidé à tout pour vivre ma vie auprès d'Alice. Tu peux m'écouter et, cette fois, tu peux me croire!

THIERRY. — Tu m'ahuris! Tu me bouleverses! Mais je ne demande pas mieux que de te croire... Elle t'a dit qu'elle t'aimait?

THIBAUT. — Qu'elle m'avait aimé, te dis-je! Mais je suis sûr qu'elle m'aime encore. Seulement, elle a un orgueil, un orgueil inflexible!... Je ne sais pas comment j'arriverai à la fléchir... Alors, il faut que tu la voies.

THIERRY. — Ah! non, non! Jamais de la vie, par exemple!

THIBAUT. Pourquoi?

THIERRY. — Pourquoi? Pourquoi? Parce que je ne veux plus faire tes commissions.

THIBAUT. — Je sais que c'est la troisième depuis hier... Mais, est-ce que ça t'a tellement gêné, de faire les deux autres?

THIERRY. — Gêné... gêné... je ne peux pas dire que ça m'ait gêné... (Dans un faux emportement.) C'est que tu es embêtant, à la fin! Tu changes de sentiment trois fois par jour. Tu me charges d'apporter aux gens des paroles définitives, qui ne sont pas définitives. Et j'ai l'air d'un imbécile! Non, non, je ne parlerai pas à cette jeune fille. Je lui parlerais mal. Je t'assure... mon petit Thibaut, si vraiment tu l'aimes... et je crois que tu l'aimes, je te jure que, dans ton intérêt, il vaut mieux que je ne me charge pas de cette mission de confiance. Je t'aime, mon petit Thibaut, je te conjure de m'écouter, quand je te dis qu'il ne faut pas que je parle, à cette jeune fille! Il y a une certaine fatalité qui fait... que je lui parlerais mal, et que ça serait fâcheux pour moi et pour toi...

THIBAUT. — Je ne te comprends pas. Voyons, estimes-tu que j'ai tort de quitter Henriette?

THIERRY, vivement. — Ah! non, non!... Ce n'est pas ça que je veux dire.

THIBAUT. — Que mon devoir impérieux me commande de rester avec elle?

THIERRY. — Non, certainement! Non, certainement!

THIBAUT. — Tu as l'impression qu'elle se tuera, si je la quitte?

THIERRY. — Non, non, je n'ai pas cette impression...

THIBAUT. — Alors, pourquoi veux-tu m'obliger à rester avec elle?

THIERRY. — Mais je ne t'oblige pas à rester avec elle! Ce n'est pas ça que je veux dire, je trouve au contraire que tu as raison d'épouser Alice, et je ne puis même te dire à quel point je serai content de cette solution.

THIBAUT. — Eh bien, dans ce cas-là, qu'est-ce qui t'empêche de parler à Alice?

THIERRY. — Ce n'est pas nécessaire, je suis un très mauvais avocat.

THIBAUT. — D'ailleurs, elle va venir. Elle a accepté que tu lui parles...

THIERRY. — Ah! oui, ça y est! Elle a accepté que

je lui parle! Elles acceptent toujours qu'on leur parle.

THIBAUT. — Et c'est entendu, maintenant, que tu lui parleras! Je ne peux pas lui dire que tu ne veux pas lui parler. De quoi ça aurait-il l'air? Elle interpréterait cela contre moi! Je vais la chercher!

Il sort vivement.

THIERRY, tombant assis. — C'est la fatalité. C'est une fatalité abominable! Mais qu'est-ce qu'elles ont donc après moi? Qu'est-ce qu'elles ont donc?

ALICE, entrant. — Bonjour, monsieur Thierry! Il paraît que vous avez à me parler?

THIERRY, d'un ton ferme. — J'ai à vous dire ceci, mademoiselle Alice : votre cousin Thibaut est un homme jeune. Il est absolument digne d'être aimé de vous. Mais j'insiste sur ce point qu'il est jeune et que l'idée d'amour est inséparable de l'idée de jeunesse.

ALICE. — Mais c'est bien mon avis.

THIERRY, un peu estomaqué. — A la bonne heure!

ALICE. — Mais la question n'est pas là. La jeunesse ne s'évalue pas au nombre des années...

THIERRY, énergiquement. — Si, mademoiselle! Je vous interromps pour vous dire que la jeunesse ne s'évalue qu'au nombre des années! Un homme de mon âge a beau faire. Jamais il ne donnera l'illusion de la véritable jeunesse!

ALICE. — Là-dessus, nous sommes d'accord.

THIERRY, la regardant avec un peu d'étonnement, avec une satisfaction un peu molle. — Bravo!

ALICE. — Mais, je le répète, la question n'est pas là. Votre ami Thibaut est jeune par le nombre des années. Mais il est flétri.

THIERRY. — On l'est surtout par le temps.

ALICE. — Je vous répète que, sur ce point, nous sommes parfaitement d'accord. Mais, en dehors de la flétrissure du temps, il y a celle d'une expérience sentimentale que j'ai en horreur.

THIERRY. — Ce n'est pas juste pour Thibaut. Si vous parliez d'un homme comme moi, je comprendrais...

ALICE. — Mais je ne parle pas d'un homme comme vous. Vous avez mené, dans votre jeune temps, et vous continuez à mener, dans votre âge plus avancé, une existence qui, pour moi, est une abomination. Mais, enfin, vous, c'est votre affaire, je ne m'en occuperais que si vous étiez de ma génération...

THIERRY. — Evidemment, évidemment!... Bien que toutes les générations recommencent la même vie...

ALICE. — C'est entendu, mais je ne m'intéresse qu'à ce qui se passe à mon époque... Ce qui ne m'est pas égal, c'est de voir les faits et gestes d'un garçon comme Thibaut, qui est de mon âge... que j'aimais... et que j'aime peut-être encore. Je vous fais cet aveu à vous, parce que ça ne change pas mes résolutions de départ, qui sont arrêtées, et je tiens à vous dévoiler mes sentiments pour ne rien vous cacher et pour vous montrer en même temps que je suis franche, et que vous devez croire à ce que j'ai irrévocablement décidé. Si vous avez voulu me parler pour essayer de me retenir, vous perdrez votre temps.

THIERRY. — Et, à mon âge, on n'a plus beaucoup de temps à gaspiller.

ALICE. — Mais vous ne parlez que de votre âge! Est-ce pour que je vous fasse des compliments et que je vous dise que vous n'êtes pas si âgé que vous le donnez à entendre?

THIERRY, vivement. — Ah! non, je ne tiens pas du tout, mais pas du tout à ce que vous me disiez cela!

ALICE. — Ça ne tirerait pas à conséquence : nous ne sommes pas ici pour faire de la civilité mondaine, mais pour parler de Thibaut. Je vous répète ce que je lui ai dit à lui. Et je vous répète aussi ce que je vous disais hier : j'ai regardé les gens jouer à l'amour, comme j'ai suivi des parties de baccara en attendant Mme Thibaut. Voilà deux jeux auxquels je ne jouerai peut-être jamais. Au baccara, c'est possible, dans trente ans d'ici, quand j'aurai atteint l'âge de Mme Thibaut mère. D'ailleurs, la mère et le fils, chacun de son côté, jouent de la même façon. Comme sa mère, il cherche des émotions, et les femmes, dans sa vie, ont la même importance que les cartons dans les mains de la vieille dame. Il a rencontré un certain nombre de personnes au hasard de ses déplacements et de ses visites. Il leur a demandé de le troubler. Et elles s'y sont prêtées pour la plupart, parce qu'elles ne sont pas à un trouble près... Très franchement, et sans vouloir médire d'elles, croyez-vous que la vibrante Mme Herbelin ou la distinguée Mme Harper soient des êtres farouches, comme la personne qui vous parle? Mon Dieu, je ne suis pas d'une autre essence que ces dames. Mais il se trouve que, par chance, le Destin m'a préservée. Heureusement pour moi, à dix-huit ou vingt ans, je n'ai pas connu d'aventures. A cet âge-là on n'est que des enfants, et la virginité ne nous protège point. Plus tard, c'est une bonne barrière derrière laquelle on réfléchit. Avant de se lancer dans l'inconnu, dans les bras de l'inconnu, on y regarde à deux fois, et la femme qui y regarde à deux fois cesse d'être une proie facile pour des jeunes gens qui ont perdu, dans des conquêtes aisées, le goût de la persévérance. Cette réflexion, cette abstention nous amènent à une sagesse qui n'a quelquefois rien de méritoire, mais qui joue quand même son rôle protecteur. (Comme à elle-même.) Mais cette sagesse n'est pas du tout l'horreur de l'amour. Elle ne fait, au contraire, qu'en grandir l'image, qui est bientôt si belle que l'on finit par se dire qu'il faut avant tout qu'elle reste belle, et que le grand péché, c'est de l'avilir... C'est peut-être un peu sérieux pour vous, tout ce que je vous raconte là?

THIERRY, après un instant de silence, à demi-voix. — Vous êtes une femme admirable, mademoiselle Alice!

ALICE, souriant. — Un peu exceptionnelle, tout au plus. Ne croyez pas que je sois la seule de mon espèce. Il y en a, comme moi, beaucoup plus que vous ne croyez. Mais vous ne les rencontrez pas sur votre chemin. Cela tient sans doute à ce que, pour être sur votre chemin, il faut un peu y être venue de soi-même.

THIERRY. — Vous êtes une femme admirable. Mais un jeune homme comme Thibaut est-il capable de vous comprendre?

ALICE. — Et comme ça n'a d'intérêt pour moi que d'être comprise par un jeune homme! Oh! je me dis très bien que des messieurs plus sages, parce que plus fatigués, ne demanderaient pas mieux que de prendre leurs invalides au coin de mon feu. Et, sans parler de « vieux messieurs », il y a des messieurs encore jeunes qui me consacreraient volontiers leurs dernières années de vigueur. Mais, après ces quelques années, il faudrait reprendre auprès d'eux mon ancien métier...

THIERRY. — Votre ancien métier?

ALICE. — De demoiselle de compagnie. Or, j'en ai épuisé tous les calmes plaisirs... Monsieur Thierry, vous avez plaidé très loyalement la cause de Thibaut. Je veux dire que vous ne l'avez pas plaidée trop partialement. Vous m'avez conseillé de l'écouter, mais vous m'avez montré en même temps les écueils de cette résolution.

THIERRY, avec élan. — Eh bien, non, mademoiselle, non! Il n'y a aucun écueil dans cette résolution! Je ne sais pas ce qui m'a pris de faire des réserves et de vous mettre en garde contre Thibaut... (A lui-même.) Ou plutôt si, je sais ce qui m'a pris. Mais permettez-moi de garder ça pour moi, car je n'en suis pas fier. Je suis un ami de Thibaut, mais je suis aussi un homme, un vilain homme, et quand j'ai vu devant moi l'image du bonheur que j'aurais pu connaître il y a quinze ans, j'en ai eu comme un dépit et j'ai oublié un instant Thibaut pour faire un retour sur moi-même. Ne défendez pas les regrets aux hommes qui ne sont plus jeunes. Réfléchissez que c'est la seule chose qui leur reste... Il faut que vous écoutiez Thibaut!

ALICE. — Mon parti est pris!

THIERRY. — Non, un parti n'est jamais pris. C'est une parole absurde et qui n'est pas digne de vous. Ecoutez Thibaut. Si vous ne le faites pas pour vous, faites-le pour lui. Vous avez des idées justes sur la vie qu'il a menée, je dois le dire, à mon exemple. Mais ces idées ne sont que des suppositions. Moi, cette vie, je la connais. Cette vie de curiosité, d'aventures perpétuelles, qui fait qu'à force d'avoir connu des êtres et des choses on finit par n'avoir rien connu de ce qui est l'essentiel de la vie! Nous avons gâché de grands sentiments, pourquoi? Parce que nous allions sans cesse d'une femme à l'autre, et que pour arriver, — je me sers d'un mot brutal, — pour arriver à plaquer une femme qu'on délaisse, il faut se persuader que son chagrin et son amour n'ont aucune importance. Cette vie odieuse de sacrifices humains où l'on immole sans cesse la victime actuelle à la victime future, je suis condamné à la mener encore, mais il n'est pas trop tard pour en affranchir Thibaut!

ALICE, mollement. — Non... non...

THIERRY. — Voilà un « non » qui me plaît et que je préfère à bien des « oui » inconsidérés... (Il va à la porte.) Thibaut!

ALICE. — Qu'est-ce que vous faites?

THIERRY. — J'appelle Thibaut. Je vous montre où est votre devoir. Et vous pouvez m'écouter : je n'ai jamais poussé mon prochain ou ma prochaine à des devoirs désagréables. (A Thibaut qui entre.) Elle voulait élever ses petites nièces. Mais c'est de toi qu'elle s'occupera.

THIBAUT, extasié. — Alice!

Il va vers elle.

ALICE, l'arrêtant. — Non, pas encore...

Alice est allée s'asseoir, émue, au bureau. Elle cache son visage dans ses mains.

THIBAUT, à demi-voix, à Thierry. — Voudras-tu t'occuper d'Henriette?

THIERRY. — Il faudra bien!...

RIDEAU

Un Perdreau de l'année au théâtre Michel.

Un Perdreau de l'année est la vingtième pièce de M. Tristan Bernard — seul ou en collaboration — que *La Petite Illustration théâtrale* publie, et il en est d'autres encore, signées de lui, qui n'ont pas trouvé place dans notre collection : notamment des vaudevilles, joués au Palais-Royal ou sur d'autres scènes, auxquels aurait manqué peut-être, à la simple lecture, l'entrain indispensable de l'interprétation. Il est donc superflu de caractériser à nouveau la manière d'un auteur qui n'a pas seulement une célébrité, mais une légende. Quand on veut nommer le maître de l'humour français, c'est son nom qui se présente le premier à l'esprit, comme, pour d'autres littératures, on dit Mac Twain ou Bernard Shaw. Toutes les fois que l'on cite une boutade ou une repartie spirituelle, c'est à lui qu'on les impute, et si elles sont vraiment spirituelles, il y a bien des chances pour qu'elles soient en effet de lui. Depuis trente ans, dans le roman, la nouvelle, la chronique, l'article de journal, la pièce de théâtre ou la conversation, M. Tristan Bernard multiplie les manifestations de sa verve intarissable et les aperçus savoureux d'une philosophie indulgente et narquoise. Quand il écrit, on croit l'entendre parler, de son ton nonchalant et placide, dans sa barbe de sage antique, tandis qu'il fronce, sous la broussaille de ses sourcils, les yeux les plus malicieux du monde. Alors que tant d'autres s'efforcent à la profondeur avec un pédantisme guindé, il y atteint en se jouant et nous ne nous apercevons pas d'abord que nous avons affaire à un psychologue et à un penseur, tant il reste naturel et familier. M. de Buffon mettait, pour écrire, des manchettes de dentelles : Tristan Bernard conserve son veston d'intérieur. C'est sa coquetterie de paraître négligé. Il en a une autre : l'éclectisme de ses goûts. Ce délicat lettré ne fait-il pas autorité comme *starter* sportif ou comme arbitre de boxe, et ne l'a-t-on pas vu récemment composer pour les amateurs de mots croisés, avec un raffinement de tortionnaire chinois, les plus perfides des « grilles » ?

Cette diversité se retrouve dans son théâtre, qu'on chercherait en vain à emprisonner dans une formule. Vaudevilles, comédies légères et parisiennes, comédies de mœurs ou de caractères, il a abordé tous les genres, mais à tout ce qu'il touche il laisse sa marque : un don d'observation humaine d'une irrésistible vérité. Après avoir agencé les plus savants mécanismes des pièces à intrigue, il nous surprend soudain par la simplicité dépouillée des thèmes qu'il traite. Et c'est là, sans doute, où il approche le plus la perfection. Telles de ses pièces en un acte comme *le Fardeau de la liberté*, en prose, ou *l'Ecole des Quinquagénaires*, en vers (voir *La Petite Illustration théâtrale* des 29 mars 1924 et 20 juin 1925) méritent de demeurer comme de petits chefs-d'œuvre classiques.

Un Perdreau de l'année participe de la même technique. Il semble que M. Tristan Bernard ait joué la difficulté en construisant trois actes sur un sujet aussi mince, où il n'y a qu'une seule situation. Deux hommes sont liés d'amitié. L'aîné, bien que d'âge mûr, est un séducteur : il n'a qu'à se montrer et à parler pour que les femmes tombent dans ses bras. Le cadet, qui devrait avoir pour lui l'attrait de la jeunesse, n'est pas de taille à lutter avec lui. Mais, dans sa candeur inexpérimentée, il harcèle son ami pour qu'il arrange sans cesse ses affaires de cœur. L'autre s'y consacre avec scrupule. Hélas ! les choses tournent toujours de la façon la plus déplorable et le jeune perdreau est plumé par le braconnier malgré lui ! Trois actes, trois expériences semblables. Mais avec quel art M. Tristan Bernard renouvelle une péripétie prévue ! Et comme, à la troisième fois, il sait dérouter notre attente ! A cette qualité, les critiques ne pouvaient pas ne pas être sensibles ; aussi n'ont-ils pas mesuré leurs éloges.

*
* *

M. Pierre Veber nous confie, dans *le Petit Journal*, la prédilection de l'auteur pour cette dernière œuvre, et il la partage :

« Je parie que cette pièce est celle que Tristan Bernard préfère dans toute son œuvre ; et je parie à coup sûr, car il me l'a dit ! Et comme je le comprends ! C'est écrit avec une recherche, une habileté de nuances à la Marivaux, un sens de la phrase qui formule joliment une pensée, un esprit continuel et qui n'a rien de commun avec le faux esprit de théâtre. C'est un art supérieur très personnel, infiniment savoureux, dont le comique réticent s'indique à peine, et dont la psychologie semble s'excuser d'être trop délicate. Avez-vous remarqué, comme l'a fait Charles Oulmont, dans ses *Lunettes de l'Amateur*, que les marchands de curiosités gardent leurs meilleurs objets dans l'arrière-boutique ? C'est ainsi que Tristan semble garder ses meilleures trouvailles dans son arrière-pensée. Mais si vous forcez la porte, vous ne serez pas volés, je vous l'assure. Cet écrivain a le génie de l'indication ! Avec deux mots très simples, il vous révèle un état d'âme assez compliqué. Il n'insiste pas, et vite il vous échappe, dans l'inquiétude qu'il a d'échapper à lui-même. Méfiez-vous de la minute où il vous amuse, c'est justement celle où il vous fait réfléchir. Ce jeu de cache-cache avec le spectateur ne peut être réussi que par un grand artiste, qui dédaigne désormais les faciles moyens de gagner son public. »

Dans *le Journal*, M. G. de Pawlowski remarque judicieusement :

« Si *Un Perdreau de l'année* était d'un jeune auteur, on crierait certainement au chef-d'œuvre. De M. Tristan Bernard, cette pièce ne surprend pas. Elle n'a peut-être cependant à ses yeux que l'importance d'un divertissement dans son œuvre. C'est du moins un divertissement qui est divertissant avec délicatesse. Ce qui n'est pas si fréquent aujourd'hui. Voilà même, sans doute, une pièce qui survivra à bien d'autres œuvres contemporaines qui se présentent avec moins de modestie. Et puis, M. Tristan Bernard est à la fois un excellent observateur du cœur humain et un écrivain... »

M. Henry Bidou, dans le *Journal des Débats*, est lui aussi sous le charme :

« Que dire de la pièce de M. Tristan Bernard au théâtre Michel, sinon qu'elle est une merveille de finesse ciselée, et d'un comique si subtil qu'on en est saisi sans l'avoir aperçu ? Je voudrais vous la raconter, mais il faudrait retrouver les mots eux-mêmes. Chaque phrase est riche de sens et cette richesse est voilée. Il ne s'agit que d'un homme à qui un ami, sans que ni l'un ni l'autre le veuille, jette toutes ses maîtresses dans les bras. La fatalité, mais une fatalité sourde, discrète, secrète, inexorable et, en somme, optimiste, ne permet pas que Thierry échappe à son destin, qui est agréable. Un agencement de trébuchets le fait tomber dans des pièges, où le remords et le plaisir lui tiennent compagnie. La pièce est si bien faite que les personnages y ont du temps devant eux, et, comme ils parlent avec beaucoup de grâce, ils prononcent des petits discours persuasifs, ou ils font de petits portraits qui sont des réquisitoires. En tout cela, pas un mot de trop, mais une justesse exquise, des phrases qui font mouche, mais sans rigaudon : l'aisance dans la perfection. »

Si M. Etienne Rey, de *Comœdia*, s'est d'abord un peu défendu, il n'a pu résister longtemps :

« On est en train de suivre la pièce, d'écouter le dialogue, et on se dit, tout bas : « Tiens, tiens ! Ça n'a pas » l'air d'être du meilleur Tristan... » Puis, tout d'un coup, sans s'annoncer, sans crier gare, arrivent un de ces mots, une de ces réflexions de la qualité la plus rare, de l'observation la plus pénétrante, et qui en disent plus long, à eux seuls, que toute une scène, Et nous sommes ravis.

» C'est une petite pièce aimable, nonchalante, facile, comme les aime M. Tristan Bernard, et comme lui seul peut s'en permettre. Elle ne se guinde pas ; elle se refuse à paraître brillante ; elle ne force pas l'allure, et elle ne cherche pas à provoquer notre intérêt par ces effets de surprise ou ces ingéniosités de l'action qui suppléent si souvent au reste ; ce n'est pas qu'elle dédaigne certains procédés de théâtre, tels par exemple que des répétitions ou des retournements de situation ; mais l'auteur paraît toujours vouloir nous dire : « Je sais bien que vous devinez où je » vous conduis et que vous attendiez » cette scène... mais ça n'a pas d'im- » portance. Le vrai jeu n'est pas là ! »

» Et, en effet, ça n'a pas d'importance. Car toujours, sous le dialogue le plus naturel et le plus aisé du monde, ce que nous aimons dans les pièces de Tristan Bernard, c'est sa souriante philosophie, sa sagesse narquoise, et cette expérience du cœur des hommes et des femmes grâce à laquelle des personnages, même dessinés d'un trait léger ou négligent, nous paraissent vrais et humains. »

Dans le *Temps*, M. Pierre Brisson estime :

« On écoute les trois petits actes de cette brève comédie du *Perdreau de l'année* avec un charmant plaisir. Le dialogue trahit un soin particulier. Certaines scènes sont de l'art le plus fin, le plus narquois, le plus aisé qu'on connaisse à M. Tristan Bernard. Vous savez avec quelle nonchalance il aime à répandre son talent. Les faiblesses d'un héros lui sont plus chères que ses vertus. Elles lui paraissent plus naturelles et plus vraies. Il étend parfois jusqu'à lui-même cette affection pleine d'indulgence. Il s'abandonne à une douce mollesse. De petits ouvrages flâneurs et négligés naissent volontiers sous sa plume. Lorsqu'il veut s'en donner le loisir il écrit un théâtre dont vous connaissez le prix. C'est une merveille d'école savante, d'adresse et de vérité. Les personnages qu'on y rencontre sont pour la plupart incertains et médiocres. Ils suivent le train de la vie. Leur condition est ordinaire. Les mots qu'ils prononcent, les gestes qu'ils font restent ordinaires aussi. Leur spectacle pourtant nous ménage un plaisir délicat. M. Tristan Bernard est le peintre incomparable des petits sentiments qui forment la trame de l'existence. Il excelle à flatter ce goût singulier que nous avons pour les ennuis des autres. Le léger ouvrage qu'il nous donne aujourd'hui prend une allure quelque peu différente. C'est un vaudeville traité dans le ton de la comédie la plus nuancée. L'intrigue se développe d'un mouvement mécanique, les personnages ont une conduite tout à fait improbable. Leurs propos cependant abondent en remarques justes, fines et spirituelles. Ce contraste-là fait précisément la meilleure qualité de la pièce et son attrait subtil...

» Ce qui fait le prix, me semble-t-il, de ces trois actes légers, c'est la science aisée qui s'y cache et dont on sent plusieurs fois très vivement l'effet. M. Tristan Bernard est un mandarin du théâtre. Ayant peu à peu déchiffré les secrets du métier et rompu son esprit aux exercices les plus divers, il revient à des jeux fort simples dont il s'amuse à compliquer les règles. Les divertissements qu'il s'offre ainsi nous valent parfois des comédies un peu minces et d'une nonchalance extrême, mais parfois aussi de petits ouvrages d'une perfection achevée dans le détail et d'un humour délicieux... Ces habiletés savantes prennent un bien vif agrément lorsqu'elles s'allient à tant de naturel. »

M. Nozière, dans *l'Avenir*, fait un rapprochement avec une autre comédie célèbre : *Nono*, de M. Sacha Guitry, tout en notant, entre les deux œuvres, une différence :

« M. Tristan Bernard n'use pas, comme faisait M. Sacha Guitry, d'un dialogue rapide. Il se complait à des développements nonchalants et philosophiques. Il se plait à écouter ses personnages. Nous ne pouvons que l'approuver, car ces hommes et ces femmes méritent vraiment d'être écoutés. C'est, en effet, l'auteur qui parle et nous n'en pouvons douter quand Thierry Lannion, à l'ironique maturité, ouvre la bouche. M. Signoret, qui tient le rôle avec la plus fine maîtrise, eut quelques intonations qu'il semblait discrètement emprunter à M. Tristan Bernard. »

Et M. Nozière ajoute :

« C'est une petite comédie d'une réelle distinction et qui pourtant déchaîne parfois le rire violent du public. »

Enfin, ces lignes de M. Edmond Sée, dans *l'Œuvre*, compléteront significativement ce florilège louangeur :

« Cette pièce-là, c'est du Tristan Bernard « de derrière les fagots » ; le Tristan de *Monsieur Codomat*, des *Petites Curieuses*, de *Daisy*, de la *Volonté de l'homme*, de *l'Accord parfait*. Vraiment, on ne saurait allier plus de tendre et délicate observation à plus de fine, incisive et profonde malice. En trois petits actes, l'écrivain fait vivre, anime des personnages criants d'humanité ; leur fait avouer tout ce qu'ils pensent, ce qu'ils sentent (ce que nous penserions et sentirions nous-mêmes, à leur place). Lorsque le rideau tombe, pas un mot de trop n'a été dit, pas une scène nécessaire n'a été « loupée », pas un coup de pouce n'a été donné à la quotidienne et générale vérité : celle qu'expriment naturellement nos faibles cœurs, nos consciences incertaines, et qu'un philosophe implacable mais souriant dégage, comme en se jouant !...

» L'ouvrage vaut par l'esprit éblouissant du dialogue, la grâce des détails, le dessin subtil et vigoureux des scènes, la présentation et l'éclosion adorables des personnages, dont chacun est un *caractère* (même lorsqu'il semble en manquer). Il faut aller entendre *Un Perdreau de l'année*; et l'on ira, je l'espère. Dans la salle, on murmurait : « Un bijou, mais trop » délicat pour le public d'après guerre. » Aux spectateurs de démentir une si injurieuse insinuation. Car, tout de même, je me refuse à croire que, seuls, les étrangers font la loi au théâtre et que ce public jadis, hier, le plus fin, le plus spirituel du monde s'écarte d'un ouvrage, parce qu'il est trop spirituel et trop fin !... »

*
* *

Sur la scène du théâtre Michel, qui est bien le cadre élégant et restreint qui convient à ces comédies délicates, *Un Perdreau de l'année* a trouvé une interprétation de choix. M. Gabriel Signoret, qui sait, en d'autres occasions, prendre les aspects les plus divers avec un talent de composition inégalable, joue ici, si l'on peut dire, sans masque. Il est, au naturel, le quadragénaire embarrassé de sa propre séduction et il parvient, à force d'intelligence et de finesse, plus encore que par son physique, à rendre le personnage vraisemblable. M. Pierre de Guingand prête au « perdreau » une juvénilité sympathique et ingénue. Les trois rôles de femme sont tenus avec la diversité qui convient par Mlle Henriette Delannoy, d'une coquetterie experte, par Mlle Germaine Delbo, gracieusement tendre, et par Mlle Jane Chevrel : énigmatique et un peu effacée aux deux premiers actes, elle prend sa revanche au troisième, où sa finesse de comédienne met en valeur la surprise piquante du dénouement.

ROBERT DE BEAUPLAN.

Thierry.   Alice.

Thierry : « *Vous êtes une femme admirable, mademoiselle Alice !* » — ACTE III, page 17.

Alice.   Thierry.   Thibaut.

Thierry : « *Elle voulait élever ses petites nièces. Mais c'est de toi qu'elle s'occupera.* » — ACTE III, page 18.

Photographies Walery.

Le Directeur-Gérant : RENÉ BASCHET.   Imp. de *L'Illustration*, 13, rue Saint-Georges, Paris (9ᵉ).

(Douzième Article.)

Création des Ateliers Gouffé Jeune.

LA PIÈCE MÉTAMORPHOSE

Comme la " peau de chagrin " de Balzac, au fur et à mesure que nous nous éloignons du passé, l'espace dont nous disposons pour l'aménagement de notre intérieur se rétrécit.

La crise actuelle est, en partie, la cause de cette exiguité dans les proportions de nos demeures, mais les modifications apportées dans notre existence par les inventions modernes n'y sont pas étrangères.

Le besoin crée l'organe, aussi l'ingéniosité toujours en éveil des maîtresses de maison françaises et leur merveilleuse faculté d'adaptation les ont amenées à porter leur attention sur l'ameublement protéiforme, l'ameublement à deux fins.

D'où l'idée de transformer un salon, un boudoir ou un studio en chambre à coucher.

La pièce représentée ici est une véritable pièce-surprise, elle est dans la journée un délicieux boudoir et, le soir venu, une chambre élégante et confortable.

Ainsi composée, sa note fraîche et gaie donne une impression de raffinement et de goût, répond aux besoins modernes qui vous font repousser tout l'encombrement de jadis.

Elle trouve parfaitement sa place aussi bien dans un appartement que dans une maison de campagne ou une villa.

Si elle est une chambre d'ami, elle peut être aussi une chambre de jeune fille.

Le meuble principal, qui forme armoire et bibliothèque, aussibien que le divan, qui se transforme la nuit en lit de repos confortable, dérobent l'utile à tous les regards laissant la place à l'agréable.

Leur exécution peut s'inspirer avec autant de bonheur du style ancien que du style moderne.

Tous ses meubles sont des auxiliaires du bon ordre et du confort ; ils sont pratiquement compris.

Succès.